当代人力资源管理创新实践研究

杨 园 著

北京工业大学出版社

图书在版编目（CIP）数据

当代人力资源管理创新实践研究 / 杨园著． — 北京：北京工业大学出版社，2022.1
　　ISBN 978-7-5639-8257-8

Ⅰ．①当… Ⅱ．①杨… Ⅲ．①人力资源管理－研究 Ⅳ．①F243

中国版本图书馆 CIP 数据核字（2022）第 026820 号

当代人力资源管理创新实践研究
DANGDAI RENLI ZIYUAN GUANLI CHUANGXIN SHIJIAN YANJIU

著　　者：	杨　园
责任编辑：	李　艳
封面设计：	知更壹点
出版发行：	北京工业大学出版社
	（北京市朝阳区平乐园 100 号　邮编：100124）
	010-67391722（传真）　bgdcbs@sina.com
经销单位：	全国各地新华书店
承印单位：	唐山市铭诚印刷有限公司
开　　本：	710 毫米 ×1000 毫米　1/16
印　　张：	10.75
字　　数：	215 千字
版　　次：	2023 年 4 月第 1 版
印　　次：	2023 年 4 月第 1 次印刷
标准书号：	ISBN 978-7-5639-8257-8
定　　价：	72.00 元

版权所有　翻印必究

（如发现印装质量问题，请寄本社发行部调换 010-67391106）

作者简介

杨园，毕业于河南大学，硕士研究生学历，现任郑州工业应用技术学院讲师、国家三级心理咨询师。研究方向为人力资源专业。在核心期刊发表论文一篇，在普通期刊发表论文四篇；参与省级项目三项、厅级项目四项；获发明专利两项；参编著作一部。

前　言

随着社会经济的变革和环境的变化，人力资源管理形成了自己的特点。如今的时代是以人为核心的时代，是人才竞争优势凸显的时代。人力资源是创造价值不可或缺的因素，是发展经济的关键力量。当代人力资源管理以"人"为核心，视人为"资本"，把人作为第一资源加以开发，既重视以事择人，也重视为人设事，最终达到人力资源合理配置、人与事的系统优化，使企业取得最佳的经济和社会效益。在竞争激烈的市场浪潮中，企业的竞争归根结底是优秀人才的竞争，企业在构建核心竞争力的同时，需要不断开发和探索新的人力资源管理模式和人力资源管理策略。

本书共六章，第一章为人力资源管理综述，内容包括人力资源管理的基本概念、人力资源管理的历史溯源，以及人力资源管理的构建基础与功能，人力资源管理的目标、职能与责任；第二章为工作分析与设计研究，内容包括工作分析概述、工作分析的方法以及工作设计与工作分析的实施；第三章为人才选拔与培训创新，内容包括人力资源招聘概述、人才选拔的方法与录用原则、培训与开发以及人才培训的实施与方法创新；第四章为绩效管理创新，内容包括绩效管理概述、绩效管理、绩效计划、绩效考核及结果反馈以及绩效管理中的问题；第五章为薪酬管理创新，内容包括薪酬管理概述、薪酬管理的内容、员工福利管理与规划、现代薪酬管理创新；第六章为人力资源管理的发展现状和趋势，分析了人力资源管理的发展现状以及人力资源管理的发展趋势。

在撰写本书的过程中，笔者得到了许多专家学者的帮助和指导，参考了大量的学术文献，在此表示真诚的感谢。本书内容系统全面，论述条理清晰、深入浅出，但由于笔者水平有限，书中难免会有不足之处，希望广大同行和读者予以指正。

目 录

第一章 人力资源管理综述 ··· 1
    第一节 人力资源管理的基本概念 ··· 1
    第二节 人力资源管理的历史溯源 ··· 10
    第三节 人力资源管理的构建基础与功能 ··· 17
    第四节 人力资源管理的目标、职能与责任 ··· 26

第二章 工作分析与设计研究 ·· 33
    第一节 工作分析概述 ··· 33
    第二节 工作分析的方法 ··· 39
    第三节 工作设计与工作分析的实施 ··· 47

第三章 人才选拔与培训创新 ·· 56
    第一节 人力资源招聘概述 ··· 56
    第二节 人才选拔的方法与录用原则 ··· 61
    第三节 培训与开发 ··· 68
    第四节 人才培训的实施与方法创新 ··· 73

第四章 绩效管理创新 ·· 92
    第一节 绩效管理概述 ··· 92
    第二节 绩效管理、绩效计划、绩效考核及结果反馈 ····················· 100
    第三节 绩效管理中的问题 ··· 118

第五章　薪酬管理创新 ··· 123
第一节　薪酬管理概述 ·· 123
第二节　薪酬管理的内容 ··· 134
第三节　员工福利管理与规划 ··· 140
第四节　现代薪酬管理创新 ·· 149

第六章　人力资源管理的发展现状和趋势 ··· 155
第一节　人力资源管理的发展现状 ··· 155
第二节　人力资源管理的发展趋势 ··· 157

参考文献 ·· 162

第一章　人力资源管理综述

本章为人力资源管理综述，第一节介绍人力资源管理的基本概念，第二节讲人力资源管理的历史溯源，第三节对人力资源管理的构建基础与功能展开讨论，第四节论述人力资源管理的目标、职能与责任。

第一节　人力资源管理的基本概念

一、人力资源的概念及特征

（一）人力资源的定义

人力资源一词，英文名称为"Human Resources"，指在一个国家或地区中，处于劳动年龄、未到劳动年龄和超过劳动年龄但具有劳动能力的人口之和，也称"人类资源""劳动力资源""劳动资源"。这种劳动能力，构成了其能够从事社会生产和经营活动的要素条件。

人力资源由数量和质量两个方面构成。通常来说，人力资源的数量为具有劳动能力的人口数量，其质量指经济活动人口具有的体质、文化知识和劳动技能水平。具有一定数量的人力资源是社会生产的必要先决条件。一般来说，充足的人力资源有利于生产的发展，但其数量要与物质资料的生产量相适应，若超过物质资料的生产量，则不仅消耗了大量新增的产品，而且多余的人力也无法就业，对社会经济的发展反而产生不利影响。在现代科学技术飞速发展的情况下，经济发展主要靠经济活动人口素质的提高。随着在生产中广泛应用现代科学技术，人力资源的质量在经济发展中将起着越来越重要的作用。

人力资源的最基本方面包括体力和智力两个方面。从现实的应用状态看，其包括体质、智力、知识和技能四个方面。

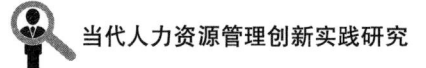

具有劳动能力的人,不是泛指一切具有一定的脑力和体力的人,而是指能独立参加社会劳动、推动社会经济发展的人。所以,人力资源既包括劳动年龄内具有劳动能力的人口,又包括劳动年龄外参加社会劳动的人口。

(二)人力资源的相关概念

在理论与实践中,人口资源、人才资源、人力资本与人力资源接近,容易混淆。准确地把握这些概念和它们之间的相互关系,有助于我们准确地理解人力资源的实质、内涵及其重要性。

1.人口资源、人才资源与人力资本的概念

人口资源是指一个国家或地区所拥有的人口总量,是一个最基本的底数,是一切人力资源、人才资源的最基本的人口资源,主要表现为人口的数量。在人口范围内,人分为劳动能力者、暂时不具备劳动能力而将来会具备劳动能力的劳动者,以及丧失劳动能力的人。

人才资源是指一个国家或地区中具有较多科学知识、较强劳动技能,在价值创造过程中起关键或重要作用的那部分人。人才资源是人力资源的一部分,即优质的人力资源。

人力资本是指人们花费在人力保健、教育、培训等方面的开支所形成的资本。这种资本就其实体形态来说,是活的人所拥有的体力、健康、经验、知识和技能及其他存量的总称。它可以在未来特定经济活动中给有关经济行为主体带来剩余价值或利润收益。简言之,人力资本的基本特征有两个:第一,凝结在人身上的"人力";第二,获利手段使用的"资本"。

与非人力资本比较,人力资本的根本特征在于这种资本体现、凝结和储存在特定的人身上,与作为其载体或天然所有者的个人不可分离,并经由这个人支配和使用才能发挥职能,其他任何人、经济组织或政府对人力资本进行支配和使用并从中获取收益时,都不能无视其载体、归属体或直接所有者。在这个意义上说,人力资本是一种具有显著个体性或私人性的资本。

与非人力资本比较,人力资本的根本特征还在于它是为未来获得预期收益,在目前投资而形成的人力,是资产化了的人力资源,是可以进行货币计量、会计核算的人力资源。

2.人力资源、人口资源、人才资源三者的关系

人力资源、人口资源、人才资源,这三个概念的本质是有所不同的。人口资

源和人才资源的本质是人，而人力资源的本质则是脑力和体力，从本质上来讲，它们之间并没有可比性。就人口资源和人才资源来说，它们关注的重点不同，人口资源更多是一种数量概念，而人才资源更多是一种质量概念。但是这三者在数量上却存在一种包含关系。从数量上来说，人口资源是三者中数量最多的，是人力资源形成的数量基础，人口资源中具备一定脑力和体力的那部分人才是人力资源；而人才资源又是人力资源的一部分，是人力资源中质量较高的那部分，也是三者中数量最少的。在比例上，人才资源占比最小，人才资源是从人力资源中产生的，而人力资源又是从人口资源中产生的。

我国是拥有14亿多人口的大国，人口资源丰富，但高素质的劳动力资源，特别是人才资源较少，主要表现为劳动力素质结构失调，高素质劳动力供不应求；农村专业技术人才短缺；专业技术人才资源素质结构不能满足需要；高级专业技术人才不足。因此，注重教育、注重培养、注重人力资源的合理开发利用已经成为人们的共识，只要我们坚持不懈，就能够充分利用我国人口资源的优势，不断增加人才资源数量，实现我国由人口资源大国向人力资源强国的转变。

3. 人力资源和人力资本的联系与区别

人力资源和人力资本都是以人为基础产生的概念，研究的对象都是人所具有的脑力和体力，从这一点看两者是一致的。而且，当代人力资源管理理论的研究大多都是以人力资本理论为依据的，人力资本理论是人力资源管理理论的重点内容和基础部分，人力资源经济活动及其收益的核算是基于人力资本理论进行的，两者都是在研究人力作为生产要素在经济增长和经济发展中的重要作用时产生的。

二者的区别主要表现在以下方面。首先，在与社会财富和社会价值的关系上，两者是不同的。人力资本是由投资形成的，强调以某种付出代价获得的能力或技能的价值，投资的代价可在提高生产力过程中以更大的收益收回。因此，劳动者将自己拥有的脑力和体力投入生产过程中参与价值创造，就要据此来获取相应的劳动报酬和经济利益，它与社会价值的关系应当说是由因致果的。而人力资源则不同，作为一种资源，劳动者拥有的脑力和体力对价值的创造有重要贡献作用。人力资源强调人力作为生产要素在生产过程中的生产、创造能力，它与社会价值的关系应当说是由果溯因的。

其次，两者研究问题的角度和关注的重点不同。人力资本是通过投资形成的、存在于人体中的资本形式，是形成人的脑力和体力的物质资本在人身上的价值凝结，是从成本收益的角度来研究人在经济增长中的作用，强调投资付出的代价及其收回，考虑投资成本带来多少价值，研究的是价值增值的速度和幅度，关注的重点是收益问题，即投资能否带来收益以及带来多少收益。人力资源则不同，它将人作为财富的来源，从投入、产出的角度来研究人对经济发展的作用，关注的重点是产出问题，即人力资源对经济发展的贡献有多大，对经济发展的推动力有多强。

最后，人力资源和人力资本的计量形式不同。众所周知，资源是存量的概念，而资本则兼有存量和流量的概念，人力资源和人力资本也同样如此。人力资源是指一定时间、一定空间内人所具有的对价值创造起到贡献作用并且能够被组织所利用的体力和脑力的总和。而人力资本，从生产的角度看，往往是与流量核算相联系的，表现为经验的不断积累、技能的不断增进、产出量的不断变化和体能的不断损耗；从投资活动的角度看，它与存量核算相联系，表现为投入和教育培训、迁移和健康等方面的资本在人身上的凝结。

可见，人力资源和人力资本虽然相关联，但含义不同。

（三）人力资源的特征

人力资源是一种特殊而又重要的资源，是各种生产力要素中最具有活力和弹性的部分，具有以下基本特征。

1. 能动性和主体性

能动性和主体性是人力资源的首要特征，是与其他一切资源最根本的区别。人力资源个体具有思想、情感，具有主观能动性，能有目的、有意识地主动利用其他资源去工作，而其他资源则处于被动利用的地位。一切经济活动的基础都是人的活动，由人的活动引发、控制、带动其他资源的活动。另外，在经济活动中，人力资源是唯一有创造作用的因素。经济活动的生命是发展、进取、创新，而只有人力资源才能担负起这种发展、进取和创新的任务，其他任何生产要素都不具有这样的能力。

2. 时效性

人力资源存在于人的生命中，是一种有生命的资源，其形成、开发和利用都要受到时间的限制。作为生命有机体的人有生命周期——幼年期、少年期、青春期、中年期和老年期。由于人在每个时期的体力、智力和成熟程度不同，劳动能力也不同，因此这种资源在各个时期的可利用程度也不同。生命周期和人力资源是一种"倒U"形关系，这就决定了必须在早期对人力资源进行开发和利用，否则就会浪费宝贵的人力资源。同时，科技的不断进步加速了人的知识和技能的老化速度，使人力资源的时效性更为突出。

3. 可再生性

与物资资源相似的是，人力资源在使用过程中，也会出现"有形磨损"和"无形磨损"。"有形磨损"是指人的自然衰老和自身疲劳，是不可抗拒的消耗。"无形磨损"是指人的知识和技能的老化、意识的敏觉性的下降、意志的消磨以及斗志的衰退等。但是，人力资源是可以再生的，这主要表现在两方面：一方面，由于总体人口的再生产、劳动力的再生产以及个体的体能在生产过程中消耗之后可以通过休息并补充能量得到恢复；另一方面，人的知识和技能可以通过持续不断的学习、培训和潜能开发等手段得到不断的更新。这就要求对人力资源的管理需注重终身教育，加强后期培训和开发，不断提高员工的德才水平。

4. 双重性

人力资源的双重性是指人力资源既具有生产性，又具有消费性。人力资本的投资程度决定了人力资源质量的高低。从生产和消费的角度看，人力资本投资是一种消费行为，并且这种消费行为是必需的，先于人力资本收益，即先期投资，后期收益。人力资源的双重性要求我们既要重视对人口数量的控制，又要重视对人力资源的投资开发和利用。

5. 社会性

社会性是人的本质特征。人力资源受到社会、文化和时代等因素的影响，从而具有社会属性。社会政治制度、经济制度和文化制度的不同，会导致人力资源质量的不同。不同的社会和民族有不同的价值观，不同的个体也有不同的价值取向、信仰和行为模式，这就要求在劳动力多元化和跨国经营的背景下，人力资源管理需注重团队管理的建设，注重人与人、人与群体、人与社会的关系以及利益的协调和整合，倡导团队合作和团队成员之间相互包容。

6. 不可分割性

人力资源之所以能够创造价值，是因为它所具有的积极的态度和自主工作能力。但是，人的态度和能力与人本身是不可分割的。现在国内的很多企业面临的问题是，一旦能力很强的人走了，绩效就会急剧下滑，甚至企业会倒闭。对此，组织要设法留住比较有价值的人力资源，做好知识管理工作，确保"人走知识留""人走经验留"。

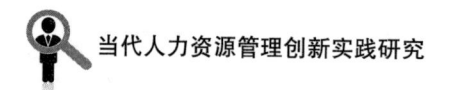

7. 可变性

人力资源与物资资源不同，在使用过程中，它发挥作用的过程会有所变化，从而具有一定的可变性。人力资源是人所具有的智力和体力，必须以人为载体，而人在劳动过程中又会因为心理状态不同而导致劳动的效果不同。例如，当受到有效的激励时，他会主动地进行工作，较充分地发挥自身的能力，人力资源的价值就会得到充分的发挥；相反，人力资源的价值就不会得到充分的发挥。

所以，人力资源作用的发挥具有一定的可变性，在不同的条件下，人力资源创造的价值也不同。

二、人力资源的作用

（一）促进财富形成

社会财富是由具有使用价值的产品所构成的。从质的方面来看，自然资源转变为财富必须依靠人力资源的作用。因为产品的形成必然要经过人的劳动，要由人使用劳动工具，作用于劳动对象，生产出具有使用价值的劳动产品。在这个劳动过程中，人力资源发挥了关键性的作用，可以说，没有人力资源的作用就不会有劳动产品的形成，也就没有社会财富的形成。从量的方面来看，人力资源的使用量决定了财富的形成量。一般来说，在其他要素投入充分的情况下，人力资源的使用量越大，创造的财富就越多，反之则越少。所以，无论是从质的方面，还是从量的方面来研究，都会得出同样的结论——人力资源是财富形成的关键因素。

（二）促进经济发展

现代经济理论认为，经济增长主要取决于四个方面的因素。一是新的资本和资源的投入；二是新的可利用的自然资源的发现；三是劳动者的平均技术水平和劳动效率；四是科学、技术和社会等方面知识储备的增加。显然，这四个方面的因素都与人力资源有关，特别是后两方面因素与人力资源密切相关。因此，人力资源决定了经济的发展，经济学家也因此将人力资源称为第一资源。芝加哥大学教授、诺贝尔经济学奖获得者舒尔茨认为，人力资本（人力资源的货币表征）是国家和地区实现富裕的源泉。

当代发达国家不仅占有资本和资源优势，而且其自然资源也得到了充分的利用，但是获取这两种资源的难度不断增大，而且获取这两种资源对科学技术和知识的依赖程度也越来越大，同时也越来越依赖于具有先进生产知识和技能的劳动者的努力。由此可见，当代发达国家经济增长主要依靠劳动者的平均技术水平和劳动效率的提高以及科学、技术和知识储备的增加。

对发展中国家而言，初期经济发展的辉煌主要建立在不断增加资本和资源投入、开发和利用更多的自然资源的基础之上，但这已经被许多国家的实践证明，其并非一条持续发展的道路。原因主要在于两方面：一方面，资本资源和自然资源作用的发挥离不开与之相适应的劳动者技能水平和科学知识的掌握及运用水平；另一方面，自然资源的进一步开发和更多资本资源的取得也需要与之相适应的科学技术、知识信息的应用和劳动者的努力。如果这两个方面的问题解决不好，那么发展中国家就无法有效利用他们可能获得的宝贵的资本和有限的自然资源。一些发展中国家花费巨额外汇购买高新技术设备，最终却事与愿违，这也从反面证实了这个道理。

（三）提升企业竞争力

企业是社会经济的细胞，是现代社会中最常见、最基本的社会经济组织，是经济活动的主体。企业的发展必然要投入各种资源，也就是我们所说的人、财、物等，但在这些资源中，人力资源是首要的资源。在人与物这一对因素中，只有人的因素才是决定性的。毛泽东曾经说过："世间一切事物中，人是第一个可宝贵的。"著名的管理大师彼得·德鲁克也曾指出："企业只有一项真正的资源——人。"

现代企业的生存是一种竞争性生存，人力资源自然对企业竞争力起着重要的作用。美国田纳西大学工商管理学院管理学教授劳伦斯·克雷曼的观点是，为了成功，企业组织必须获取并维持其对竞争对手的优势。这种竞争优势可以通过两个途径达到：一是获取和保持成本优势，二是获取和保持产品差异化优势。人力资源对于获取和保持企业成本优势和产品差异化优势意义重大。

1. 人力资源是企业获取和保持成本优势的控制因素

其一，高素质员工需要较少的职业培训，从而减少教育培训成本支出；其二，高素质员工有更高的劳动生产率，可以大大降低生产成本支出；其三，高素质员工更能开动脑筋，寻求节约的方法，提出合理化建议，减少浪费，从而降低能耗和原材料消耗、降低成本；其四，高素质员工具有能力强、自觉性高、无须严密监控管理等优势，可以大大降低管理成本。各种成本的降低会使企业在市场竞争中处于价格优势地位。

2.人力资源是企业获取和保持产品差异化优势的决定性因素

企业产品差异化优势主要表现为创造比竞争对手质量更好的产品和服务,提供竞争者没有的创新性的产品和服务。就前者来说,高素质的员工,对创造高质量的一流产品和服务具有决定性的作用;就后者来说,高素质的员工,尤其是具有创造能力、创新精神的研究开发人员更能设计出具有创新性的产品。二者结合起来,就能使企业持续地获取和保持相对于竞争对手的产品差异化优势,使企业在市场竞争中始终处于主动的地位,立于不败之地。

三、人力资源管理的含义

人力资源管理从产生至今,经过近一个世纪的发展,早已超越了功能单一的人事管理,演化成为目前为保持组织持久竞争力而进行的一种开发"人"的管理体系。

(一)人力资源管理的定义

人力资源管理作为企业的一种职能性管理活动被提出,最早源于工业关系和社会学家怀特·巴克于1958年发表的《人力资源功能》一书。该书首次将人力资源管理作为管理的普遍职能来讨论。美国著名人力资源管理专家雷蒙德·诺伊在其《人力资源管理:赢得竞争优势》一书中提出:人力资源管理是指影响雇员的行为、态度以及绩效的各种政策、管理实践以及制度。

美国的舒勒等在《管理人力资源》一书中提出,人力资源管理是通过一系列管理活动来保证对人力资源进行有效的管理,其目的是实现个人、社会和企业的利益获取。

加里·德斯勒在《人力资源管理》一书中提出,人力资源管理是为了完成管理工作中涉及人或人事方面的任务所需要掌握的各种概念和技术。

迈克尔·比尔则提出,人力资源管理包括会影响公司和雇员之间关系的所有管理决策和行为。

综合以上定义,人力资源管理是指根据企业发展战略的要求,有计划地对人力资源进行合理配置,通过对企业员工进行招聘、培训、使用、考核、激励、调整,调动员工的积极性,发挥员工的潜能,为企业创造价值,确保企业战略目标的实现。这些活动主要包括企业人力资源战略的制定、员工的招募与选拔、培训与开发、绩效管理、薪酬管理、员工流动管理、员工关系管理、员工安全与健康管理等。

人力资源管理的内涵主要包括以下内容：一是任何形式的人力资源开发与管理都是为了实现一定的目标，如实现个人家庭投资的预期收益最大化、企业经营效益最大化及社会人力资源配置最优化；二是人力资源管理只有充分、有效地运用计划、组织、指挥、协调和控制等现代管理手段才能达到人力资源管理目标；三是人力资源管理主要研究人与人关系的调整，个人的利益取舍，人与事的配合，人力资源潜力的开发，工作效率和效益的提高以及人力资源管理效益提高的相关理论、方法、工具和技术；四是人力资源管理不是单一的管理行为，必须将相关管理手段相互配合才能取得理想的效果，例如，薪酬必须与绩效考核、晋升、流动等相配套。

人力资源管理的主要任务是以人为中心，以人力资源投资为主线，研究人与人、人与组织、人与事的相互关系，掌握其基本理念和管理的内在规律，充分开发、利用人力资源，不断提高和改善职业生活质量，充分调动人的主动性和创造性，促使管理效益的提高和管理目标的实现。

人力资源管理的基本任务是根据企业发展战略要求，吸引、保留、激励与开发企业所需人力资源，促成企业目标实现，从而使企业在市场竞争中得以生存和发展。具体表现为求才、用才、育才、激才、护才和留才。

人力资源管理的最终目标是通过促进人与工作的有效匹配，促进企业战略的实现。

（二）与传统人事管理的区别

人力资源管理与人事管理既有历史上的渊源关系，又有本质上的区别。它们不仅是称谓的变换和职能部门名称的改变，而且有着下列区别。

传统人事管理将事作为重心，把人降格为"执行指令的机器"，着眼于为人找位，为事配人。而人力资源管理则以人为重心，把人作为第一资源，既重视以事择人，也重视为人设事，尤其是对特殊的人力资源个体。

传统人事管理将人视为组织的财产，部门闲置和压抑人才的现象严重，只重拥有、不重开发利用。人力资源管理将人力资源作为劳动者自身的财富，因而个人、组织和社会均重视人力资源的开发利用，一旦人力资源遭到闲置或压抑，就会在市场机制的作用下重新配置。

传统人事管理的主体是行政部门，管理制度受到领导人意志左右，个人、组织包括企业均是被动的接受者。而人力资源管理的主体是市场运行的主体，它们的行为受到市场机制左右，遵循市场通行规则和人力资源管理自身特有的规律。

传统人事管理部门作为组织内的一个负责执行的职能部门，从事日常的事务性工作。而人力资源管理部门被纳入决策层，把人的开发、利用、潜能开发作为重要工作内容，鼓励成员参与管理。若将人力资源管理部门作为组织战略决策的参与者，管理模式也会由"垂直"模式过渡到"主体"模式。

人力资源管理充分运用了当代社会学、心理学、管理学、经济学和技术学等学科的最新成果，更加强调管理的系统化、规范化、标准化以及管理手段的现代化，突出了管理者诸要素之间的互动以及管理活动与内外部环境之间的互动。如表1-1所示，是传统人事管理与人力资源管理的区别。

表 1-1 传统人事管理与人力资源管理的区别

比较项目	人力资源管理	传统人事管理
管理视角	视员工为第一资源、资产	视员工为负担、成本
管理目的	组织和员工利益的共同实现	组织短期目标的实现
管理活动	重视培训、开发	重利用、轻开发
管理内容	非常丰富	简单的事务管理
管理地位	战略层	执行层
管理部门	生产效益部门	单纯的成本中心
管理模式	以人为中心	以事为中心
管理方式	强调民主参与	命令式、控制式
管理性质	战略性	战术式、分散式

第二节 人力资源管理的历史溯源

一、人力资源管理的起源

（一）人事管理

人力资源管理起源于人事管理，而人事管理的起源则可以追溯到非常久远的年代。

18世纪末，瓦特蒸汽机的发明与推广引发了工业革命，改变了以前家族制和手工行会制的生产方式，并出现大量实行新工厂制度的企业，这些企业在日益激烈的竞争环境中发展壮大，成为19世纪初的时代特色。竞争与发展要求这些企业进一步扩大规模，但制约扩大规模的主要"瓶颈"却是企业以前从未遇到过的劳工问题，其产生的主要原因在于当时人们不喜欢也不习惯于工厂的劳动方式，因为工厂工作很单调，一年到头都得按时上班，需接受新的监督制度，并按机械速度进行劳动，以及时时刻刻都要全神贯注等。这些导致企业很难找到足够的工人，尤其是技术工人。上述劳动问题的解决措施导致福利人事概念的形成和发展。所谓福利人事，即由企业单方面提供或赞助，旨在改善企业员工及其家庭成员的工作与生活的一系列活动和措施。

同样关注劳工问题的泰勒认为，劳动组织方式和报酬体系是生产率问题的根本原因。他呼吁劳资双方都要进行一次全面的思想革命，以和平代替冲突，以合作代替争论，以齐心协力代替相互对立，以相互信任代替猜疑戒备。他建议劳资双方都将注意力从盈余分配转到盈余增加上，通过盈余增加，使劳资双方不再为如何分配而争吵。为此，泰勒提出了科学管理原则。泰勒的科学管理思想对人事管理概念的产生具有举足轻重的影响。

一方面，它引起了人们对人事管理的关注，并推动了人事管理职能的发展。另一方面，科学管理提倡管理分工，从而为人事管理职能的独立提供了依据和范例。

福利人事与科学管理的融合使人们认识到，过去由一线管理人员直接负责招聘、挑选、任命、培养、绩效考核、薪酬、奖励等工作的做法，已经不能适应企业组织规模扩大的现实，企业要做好对人的管理这项工作，必须要有相应的专业人士负责这项工作，这为人事管理作为参谋部门而非直线部门的出现奠定了基础。

（二）人事管理的演进

早期关于人事管理的论文经常发表在《年报》（*The Annuals*）和《管理杂志》（*Engineering Magazine*）这两本杂志上。在1916年，《年报》出版专刊讨论了"工业管理中的人事和雇用问题"。第一本以"人事管理"为书名的教科书出版于1920年。

20世纪30年代的霍桑实验为人事管理的发展开拓了新的方向。霍桑实验证明，员工的生产率不仅受到工作设计和员工报酬的影响，而且受到社会和心理因素的影响。因此，工业社会学、工业关系学、人际关系学和组织行为学等新学科应运而生，推动了人事管理的迅速发展，主要表现在以下几个方面。

第一，工业社会学将企业作为一个社会系统，研究组织化的员工问题，并强调社会相互作用，要求各个组成部分之间保持平衡。当这一思想被运用于人事管理领域时，员工参与、工会与管理层合作、员工代表计划等进入了人事管理研究者与实践者的视野。

第二，工业关系学认为，管理层与工人在关于如何分配由先进的技术化社会所创造的盈余上存在着必然的矛盾，而化解这种工业化冲突的关键不在于协调人际关系，而在于化解管理层和有组织的工人之间的利益和意识形态上的冲突。工业化的和谐只有通过集体的讨论以及专业的工业关系专家参与才可能实现。因此，工业关系专家登上了人事管理的舞台，化解劳资冲突、组织集体谈判等成为人事管理的职责。

第三，人际关系学以关心人，而不是关心生产力为核心观点，强调管理社会的人际技能而不是技术技能，强调通过团体和社会团结来重建人们的归属感，强调通过工会将工厂中的正式组织与非正式组织集合起来使权力平均化。沟通成为人事管理的主要任务和必备技能，员工满意度成为衡量人事管理工作的重要标准。

第四，组织行为学是在人际关系学的基础上形成的管理科学中的一门学科。它着眼于一定组织中的行为研究，重视人际关系、人的需要、人的作用和人力资源的开发与利用。这一学科的出现对管理科学的发展产生了重要的影响，使其由以"事"与"物"为中心的管理发展到以"人"为中心的管理，由靠监督与纪律的管理发展到动机激发、行为引导的管理，由独裁式的管理发展到参与式的管理，它的应用成果得到了普遍的重视。

进入20世纪六七十年代，西方涉及人事和工作场所的相关法律急剧增加，并且立法的关注点也从工会与管理层之间的问题转向了员工关系。随着各项法律的出台，企业很快意识到，与员工或雇用有关的司法诉讼的花费巨大。于是，大量的律师走进了人事部，规范管理行为，尽可能地使企业避免出现司法诉讼，或直接处理有关的司法诉讼事务。

20世纪80年代是一个组织变革的时代，杠杆收购、兼并、剥离等事件层出不穷，人事管理也进入更高的层次，从关注员工道德、工作满意度转变为关注组织的有效性。高级的人事主管开始参与、讨论有关企业未来发展方向、战略目标等问题，工作生活质量、工作团队组织、组织文化等成为人事管理的重要内容。

二、人力资源管理的发展与成长

（一）西方人力资源管理的发展历史

西方学者对人力资源管理的发展阶段进行了深入的研究，提出了各自的观点。

典型的理论包括六阶段论、五阶段论、四阶段论和三阶段论，它们从不同的角度揭示了人力资源管理渐进发展的历史。

1. 六阶段论

以美国华盛顿大学的弗伦奇为代表，从管理的历史背景出发，他将人力资源管理的发展划分为六个阶段。

第一阶段：科学管理运动阶段。这一阶段以泰勒和吉尔布雷斯夫妇为代表，关注重点主要是工作分析、人员选拔、培训和报酬方案的制定以及管理者职责的划分。

第二阶段：工业福利运动阶段。在此阶段，企业出现了福利部、社会秘书或福利秘书，专门负责员工福利方案的制定和实施，员工的待遇和报酬问题成为管理者关心的重要问题。

第三阶段：早期工业心理学阶段。这一阶段以心理学家雨果·芒斯特伯格等人为代表的心理学家的研究成果，推动了人事管理工作的科学化进程。个人心理特点与工作绩效关系的研究、人员选拔预测效度的提出，使人事管理开始步入科学化的轨道。

第四阶段：人际关系运动阶段。这一阶段的代表是梅奥等人，由他们发起的以霍桑实验为起源的人际关系运动，推动了整个管理学界的革命，也影响了人力资源管理。人力资源管理开始由以工作为中心转变到以人为中心，把人和组织看成社会系统。此阶段强调组织要了解员工的需要，这样才能让员工满意并提高生产率。20世纪三四十年代，美国企业管理界流行着一种"爱畜理论"，爱畜牛奶公司的广告中说，爱畜来自愉快的奶牛，因此品质优良。研究人员认为愉快的员工的生产率会比较高，于是公司用郊游和员工聚餐等办法来试图改善员工的心态，提高士气，从而提高生产率。实际上，这一理论夸大了员工情感和士气对生产率的影响，最终实践表明，良好的人际关系可以提高生产率的理念不可靠。

第五阶段：劳工运动阶段。雇用者与被雇用者的关系，一直是人力资源管理的重要内容之一，从1842年美国马萨诸塞州最高法院对劳工争议案的判决开始，美国的工会运动快速发展；1869年就形成了全国的网络；1886年，美国劳工联合会成立；大萧条时期，工会也处于低潮；1935年美国劳工法案，即瓦格纳法案颁布，工会才重新兴盛起来。之后罢工现象此起彼伏，工人对于缩短工时、提高待遇的呼声越来越高，出现了集体谈判。到20世纪六七十年代，美国联邦政

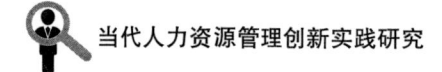

府和州政府连续颁布了一系列关于劳动和工人权利的法案，促进了劳工运动的发展。对工人权益的维护，成为组织内部人力资源管理的首要任务。

第六阶段：行为科学与组织理论时代。进入20世纪80年代，组织管理的特点发生了变化，对人的管理成为主要任务，强调把个人放在组织中进行管理，强调文化和团队的作用，这成为人力资源管理的新特征。

2. 五阶段论

以罗兰和菲利斯为代表的学者则从管理发展的历史角度将人力资源管理的发展阶段划分为五个阶段。

第一阶段：工业革命时代。

第二阶段：科学管理时代。

第三阶段：工业心理时代。

第四阶段：人际关系时代。

第五阶段：工作生活质量时代。

此观点的独特之处，是把工作生活质量作为一个独立的阶段提出来。工作生活质量一般有两种含义，一种是指一系列客观的组织条件及其实践，包括工作的多样性、工作的民主性、员工参与度、工作的安全性等；另一种是指员工工作后产生的安全感、满意程度以及自身的成就感和发展感。

第一种含义比较强调工作的客观状态，第二种含义比较强调员工的主观需要。将这两种含义结合起来，工作生活质量是指员工在工作中所产生的生理和心理感受。美国的一项调查研究表明，在辞职的打字员中，有60%是由于工作枯燥和无聊，而不是因为工作任务繁重而辞职的。影响工作生活质量的因素有很多，为了提高员工的工作生活质量，企业可以采取一系列措施。

工作生活质量的核心是员工参与管理，参与的方法有很多。从美国的实践看，工人参与企业管理的形式主要有建立质量控制小组以及解决各种问题的小组、劳资双方合作、员工参与工作设计和新工厂设计、员工实现收益分享和利润分享、实行企业雇员所有制等。

3. 四阶段论

持这种观点的学者以科罗拉多丹佛分校的学者卡肖为代表，他从功能角度将人力资源管理的发展历程划分为四个阶段。

第一阶段：档案保管阶段。这一阶段，人事管理的主要工作是招聘、录用、培训、人事档案管理。随着雇主对员工的关心程度的增加，新员工的录用、岗前教育、个人资料的管理等工作，都由人事部门或专门的人员负责。

第二阶段：政府职责阶段。这一阶段的特点是政府的法律规定开始在各个方面影响员工雇用，但企业的高层领导人仍将人力资源管理的成本视为非生产性消耗。

第三阶段：组织职责阶段。进入20世纪80年代后，企业领导人不再认为人事管理是"政府的职责"，而把它真正视为自己企业的"组织的职责"，人力资源管理和开发成为企业人事部门的职责。

这种认识的转变是有历史背景的。首先，心理学、社会学和行为科学日益渗透企业管理领域，在这种学科交融的基础上形成的理论日益受到企业的重视，并被广泛接受。其次，1972—1982年，美国的生产率平均年增长0.6%，而同期的日本、西德和法国则分别增长了3.4%、2.1%和3%，员工的懒散和管理的平庸使企业高层领导日益忧虑。再次，劳资关系日益紧张。最后，政府官员对企业进行了非公正的干预，再加上劳动力不断多样化、教育水平不断提高，导致企业对人的管理更加困难。因此，企业高层领导被迫从企业内部寻找出路，发现人力资源管理是一个重要的突破口，认为人力资源是一种重要的战略资源。为此，企业开始吸收人事经理进入企业高层领导集团，让其参与企业的经营决策。20世纪80年代初期，美国和欧洲纷纷出现了人力资源开发和管理组织，人事部改名为人力资源管理部，企业从强调对物的管理转向强调对人的管理。

第四阶段：战略伙伴阶段。把人力资源管理战略作为公司重要的竞争战略，或者从战略的角度考虑人力资源管理问题。把人力资源管理与公司的总体经营战略联系在一起，是20世纪90年代后企业人力资源管理的重要发展方向。

4. 三阶段论

这种观点的代表是福姆布龙、蒂奇和德兰纳，他们从人力资源管理所扮演的角色和所起的作用这两个角度把人力资源管理的发展划分为三个阶段。

第一阶段：操作性角色阶段。在此阶段，人力资源管理的内容主要是一些简单的事务性工作，在管理中发挥的作用并不是很明显。

第二阶段：管理性角色阶段。人力资源管理在这一阶段开始成为企业职能管理的一部分，承担着相对独立的管理任务和职责。

第三阶段：战略性角色阶段。随着竞争的加剧，人力资源在企业中的作用越来越重要，人力资源管理开始被纳入企业的战略层次，要求从企业战略的高度来思考人力资源管理的相关问题。

（二）我国人力资源管理的发展历史

中华人民共和国成立以来，我国企业管理经历了计划经济、经济改革两大发展阶段。人力资源管理的发展是从单一计划体制下的人事管理到目前多种所有制并存下的人力资源管理，可以分为四个发展阶段。

1. 人事管理阶段

中华人民共和国成立以后，我国确定了计划经济体制实行"统包统配"的就业制度，企业没有用人的自主权，不能自行招聘所需的人员。

在此阶段，人事管理的主要内容是一些流程性、事务性的工作，如员工人事档案管理、招工录用、劳动纪律、考勤、职称评定、离职退休、计发工资等。企业人事部主要服务于国家，配合国家有关政策的落实完成。

2. 人力资源管理阶段

党的十一届三中全会特别是改革开放以来，随着我国经济体制改革的不断深入，国有企业的劳动人事工作也在不断进步。1979年，国务院颁发了《关于扩大国营工业企业经营自主权的若干规定》（简称《规定》），重新规定了企业人事管理的职责权限范围。《规定》指出：允许企业根据生产需要和精简效能的原则决定自己的机构设置和人员配备；企业有权根据国家下达的劳动指标进行招工，进行岗前培训；企业有权对成绩优异、贡献突出的职工给予奖励；企业有权对严重违反劳动纪律的职工给予处分，甚至辞退。

随着这些规定的落实，企业在用人方面有了更大的空间，正常的进出渠道逐渐形成；劳动人事管理制度逐渐完善，劳动定额管理、定员定编管理、技术职称评聘、岗位责任制等在企业中广泛推广；工资管理规范化，打破了分配的平均主义，增强了工资的激励作用。所有这些都表明，我国企业的人力资源管理工作发生了巨大的变化，已经初步具备了人力资源管理的某些功能和作用。

3. 人力资本管理阶段

在管理理念上将员工看成资本，认为进入企业的人已经是资本，不再是资源；在发展观上，完成了以物为本向以人为本的转变。此阶段的人力资源管理，从追求数量转为追求质量。人力资源管理工作的重心转移到员工的绩效管理，建立现代薪酬体系，营造良好的工作氛围和优秀的企业文化环境等，并开始考虑整合企业人力资源，通过工作分析和人才盘点，更加合理地配置企业人力资源；通过加大培训力度，提高员工的工作技能和绩效能力；通过改革和优化薪酬体系，使之更有激励性，提高人力资本的"投资收益"比率。

人力资源经理秉持人力资本理念，在企业里倡导重视人才、开发人才、有效配置人才、激励人才的观念，带动整个企业人才观的转变，自身也向人力资源专家的方向迈进。

4. 战略人力资源管理阶段

随着知识经济和全球化时代的到来、经营环境不确定性的加强，以及企业竞争的加剧，人才的作用越来越重要，企业对人才的争夺战也愈演愈烈，人才成为企业竞争的核心，也成为提升企业核心竞争力的来源。在此条件下，企业人力资源管理就需要与企业战略密切结合，使人力资源更好地服务于企业战略。基于此，人力资源经理进入企业的决策层，以专家顾问和战略合作伙伴的身份参与决策、推动变革，使人力资源管理上升到战略人力资源管理阶段。

第三节　人力资源管理的构建基础与功能

一、人力资源管理的构建基础

人力资源管理是建立在一系列的假设基础之上的。比如说，员工是喜欢他们的职位还是讨厌他们的职位？他们的工作具有创造性吗？所有这些关于人的基本假设就是企业管理中的人性假设。企业招聘需求是什么样的，提供什么内容的培训，采取何种管理风格和管理方式，实际上都是基于人性假设的企业行为的反应。

（一）构建依据：人性假设理论

任何企业的人力资源管理都依赖于自身所拥有的人性假设，如惠普公司的弹性管理以人性假设的Y理论为基础，松下公司以"人是万物之王"和人有三类两面性为人性假设，海尔集团以斜坡球体理论为人性假设。好的人力资源管理系统能够最大限度地发挥人性的优点，最大限度地克服人性的弱点，从而使企业的自我生存和永续发展与个人的职业生涯发展和人生幸福实现同步。人力资源管理主要基于以下人性假设理论。

1. "经济人"的假设

"经济人"的假设起源于享乐主义哲学和英国经济学家亚当·斯密的关于劳

动交换的经济理论。亚当·斯密认为人的本性是懒惰的，必须加以鞭策，人的行为动机源于经济诱因，并以权力维持员工的效力和服从。

根据"经济人"的假设而采取相应的管理策略，可以归纳为以下三点：

第一，管理工作重点在于提高生产率、完成生产任务，而对于人的感情和道义上应负的责任，则是无关紧要的。简单地说，就是重视完成任务，而不考虑人的情感、需要、动机、人际交往等社会心理因素。从这种观点来看，管理就是计划、组织、经营、指导、监督。这种管理方式叫作任务管理。

第二，管理工作只是少数人的事，与广大工人群众无关。工人的主要任务是听从管理者的指挥，拼命干活。

第三，在奖励制度方面，主要是用金钱来刺激工人产生积极性，同时对消极怠工者采取严厉的惩罚措施，即"胡萝卜加大棒"的政策。

2.X 理论与 Y 理论

美国管理学家道格拉斯·麦格雷戈在《企业中人的方面》中提到两种完全相反的人性假设理论——X 理论和 Y 理论。他在对管理者的行为进行深入观察后得出结论：一个管理者关于人性的观点是建立在一系列特定假设的基础之上的。管理者倾向于根据这些假设来塑造自己对下属的行为。

（1）管理者根据 X 理论持有四个假设

①员工天生惰性强，尽可能逃避工作。

②员工逃避承担责任。

③由于员工厌恶工作，必须对其采取强迫命令，采取管制和约束等软硬兼施的管理措施，以实现企业目标。

④员工视个人安全高于一切，并且员工不具有上进心。

（2）管理者根据 Y 理论持有四个假设

①员工并不天生厌恶工作，会把工作看作同休息或娱乐一样自然的事情。

②员工愿意对工作负责，能进行自我引导和自我控制。

③员工具有想象力和创造力。

④员工有被尊重和自我实现的需要，不能把控制和惩罚作为实现企业目标的唯一办法，管理过程中应努力将个人目标和组织目标融合在一起。

X 理论与 Y 理论是关于人们工作原动力的理论，X 理论是悲观、僵化和静态的，认为人们有消极的工作原动力，必须强迫他们、控制他们，朝着组织的目标前进；而Y理论则是乐观、灵活和动态的，认为人们有积极的工作原动力，只要创造一定的条件，他们就会努力工作，达到目标，并取得相应的成就。

3. 超Y理论

超Y理论是由美国管理心理学家约翰·莫尔斯和杰伊·洛希提出的。该理论主张权宜的管理思维，管理方式要适合于团队特征、成员素质等；主张工作、组织、个人、环境之间互相匹配，各因素相辅相成、互为补充。

（1）超Y理论主要内容

①员工带着许多不同的动机和需求参加工作，但最主要的需求是获得胜任感。

②胜任感的取得不仅受外部环境的影响，同时还与本人的其他需要，如权力、地位、成就、待遇、交往等相互制约。

③当工作目标、工作性质产生变化了，其他因素如组织形式、工作分配、领导方式、职工培训、控制水平等都要随之变化。当工作任务与组织结构和管理模式相适合时，胜任感容易得到满足，工作成效也就显著，如果不相适合，工作成效也就不明显。

④一个目标实现后，员工会产生新的、更高的目标，此时胜任感不会消失，而是持续发挥作用。

（2）超Y理论的主张

由于超Y理论具有主体需求差异性、组织方式相异性、控制程度应变性及目标确立递进性等特点，从人力资源管理的角度来说，超Y理论主张：

①人们参加工作是基于不同的需求，员工管理要求不同，适用的管理方式也因人而异。

②管理应当使工作、组织和人员紧密配合，特定的工作由适合的组织和人员来担任。

③先从工作性质的确认、工作目标的了解和员工素质的情况等方面来考虑，然后再确定组织机构的构建、管理层次的划分、工作的分配、职工的培训、薪酬和控制程度的安排。

④各种管理理论均有其可取之处。采取什么样的组织形式、管理模式和领导方式，主要与工作性质和工作人员素质相协调，最终实现提高工作效率的目的。

超Y理论强调人是"复杂"的人，人有很多需求、动机、目的，随环境的变化而变化，管理者对人性的认识要因人而异，重点在于权变。员工有不同的需

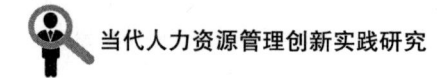

求，当管理方法、管理模式、管理环境适应管理对象的需求时，员工就会发挥出工作的积极性。

4. 人性的正态分布模型

国内学者何凡兴在对西方学者提出的人性假设理论进行深入研究的基础上，提出了关于人性的正态分布模型（又称人性优缺点模型，或者超XY理论）（表1-3）。

表1-3　人性优缺点模型

感性	中性	理性
人性的缺点	马斯洛层次需要	人性的优点
惰性、投机取巧、X理论	自我实现	好竞争、好创新、Y理论
妒忌、死要面子、斤斤计较	自尊（不愿被淘汰）	追求公开、公平、公正
孤独、厌世、自闭、无聊	爱、归属、娱乐	爱工作、爱社交、感谢生活
贪婪、贪污受贿	安全、内心平衡	居安思危、勤奋
纵欲、斩断欲望	衣、食、住、行、性	有节制、张弛有度

该理论认为，人性既有优点、美德，也有缺点、弱点。人性化管理的关键就是要根据人性的优缺点来设计企业的制度（体制、机制），尤其是人才机制，企业的制度要能够充分发挥人性的优点，最大限度地抑制人性的弱点，从而使员工和企业都获得可持续发展。该模型包括以下要点：

第一，人的很多外在表现（如身高、体重、智力等）都呈正态分布，即中间大、两头小。企业员工的表现（无私奉献、合法利己和损人利己等）也是如此。马斯洛的"自我实现"被定义为，一个人做他自己喜欢的事情。

第二，在大多数情况下，大多数人的行为动机是合法利己的。所谓"合法利己"就是通过合法的途径去获取个人的最大利益，去满足个人的各种需求。市场经济和各类竞赛（如奥林匹克运动会）的人性基础都是"合法利己"。马斯洛的层次需要理论的实质就是合法利己论。

第三，无私奉献也是人性中不可分割的组成部分。无私奉献主要有四种情况：只有付出，没有回报；付出大大高于回报；有权对他人的成绩进行评价时，不犯"红眼病"；有机会获得提级、晋升和学习机会时，能够从企业整体利益出发，让更优秀的人去。后两种无私奉献是企业在任何时候都需要的，而前两种无私奉献主要在以下四种情况下需要：在企业艰苦创业时；在企业遭遇困难时；在企业遭遇突发事件时；在同事遭遇天灾人祸时。

对人性的优点应该采取上限法则，即通过宣传教育、优秀企业文化的熏陶，使尽可能多的员工在工作中展现优势，以及在需要的时候能够做到无私奉献。

第四，由于多方面的原因，在任何地方、任何时候，总会有一些人有"损人利己"的行为，总有一些人会跟不上企业的发展。惰性、逃避责任等都是人性的弱点，克服惰性和造就大量优秀人才的最有效手段是，在企业内实行公开、公平、公正的竞争和淘汰机制。

对于人性的弱点，企业管理中必须采取下限法则，这类似于经济学中的"水桶短板法则"。下限法则表明，一只沿口不齐的木桶，它盛水的多少，不在于木桶沿口最上面的木板，而在于木桶沿口最下面的那块木板，要想多盛水，不是去增加木桶沿口最上面那块木板的长度，而是要下功夫依次补齐木桶沿口最下面的那些木板。对人的管理中的下限法则告诉管理者，企业的制度必须能够防止人性的弱点自由泛滥，必须通过有效措施将人性的弱点控制在对工作影响尽可能小的程度上。

第五，运用上述模型需要思维方式的改变，需要将一元论与概率论有机地结合起来，同时也需要将精确与模糊、大多数与少数等对立关系协调起来。

人性假设理论对人力资源管理有着重要的意义，它是企业各类人员实践人力资源管理的依据，如海尔著名的斜坡球体理论认为，企业在市场上所处的位置如同斜坡上的小球，它受到内部职工惰性和外部竞争形成的压力的作用。如果没有止动力，小球就会下滑，这个止动力就是OEC管理；如果没有牵引力，小球就不会上升，这个牵引力就是创新能力。其中，"OEC"即英文"Overall, Every, Control, Clear"的缩写，O即Overall（全方位）、E即Everyone（每人）、Everything（每件事）、Everyday（每天），C即Control（控制）、Clear（清理）。"OEC"管理法也可表示为"日事日毕、日清日高"，即每天的工作需要每天完成、每天清理，并要每天有所提高。

从高层管理者角度来讲，管理者倾向于何种人性假设，将会影响他确定怎样的人力资源战略、人力资源政策和企业的人事管理哲学。对人力资源专业人员而言，他们采纳何种人性假设，将会影响企业的人力资源管理制度、流程和方法。若企业人性假设偏重于X理论，则该企业的人力资源管理体系必然会侧重有效的约束机制的建立，更加重视对人力资源成本的控制，不会太重视员工的开发和激励。反之，如果企业偏重于Y理论，那么该企业的人力资源管理体系必然会侧重有效的激励机制的建立，重视员工潜能的开发，而把控制和约束员工放在次要位置。

（二）人力资源管理构建的相关命题

人力资源管理关心的是与"人"相关的命题，其核心是认识人性、尊重人性，强调当代人力资源管理"以人为本"。然而，自从经济社会出现企业这种组织形态，企业人力资源管理命题的核心就围绕人力资源开发与管理适应组织的发展展开，也就是将人力资源个体的行为统一到企业组织共同的目标和规则上来，即"以组织为本"。有效的人力资源管理按照组织的规则，支持组织的使命、核心价值观，刺激战略、组织、流程的变革和发展。因此，人力资源命题的本质就是从人力资源角度增强组织的核心能力和竞争优势，构建一个具有高度适应能力的组织。当代人力资源管理的命题关注人与组织的共同发展，主要关心人与职位的关系、人与组织的关系、人与价值的关系等，这构成了当代人力资源管理构建的相关命题。

1.人与职位

人与职位命题主要是指人与职位的匹配问题，人要符合职位的需求，人的能力和职位的要求要相互匹配，也就是实现人与职位的动态配置，这是人力资源管理首先要解决的命题。

（1）人与职位的双向匹配

以不变的速度和标准的节奏来进行的工作，是不适宜人从事的。人适宜从事可以经常改变广度、节奏和速度，以及操作程序多样化的工作。同时，特定职位要满足个性化的人力资源的需求，尤其是知识型员工的需求。知识型员工具有高人力资本、工作自主等特性，职位也要能满足其特性的需求，以开发团队及个人的潜能，提升组织效率。

（2）人与职位的动态匹配

过去，企业职位要求一个人的素质和能力符合员工所从事的专业领域的能力需求。现在，一方面，个人素质要符合岗位职位的需求；另一方面，工作职位要可以挖掘人的潜能，拓展人的个性，让人产生成就感，这也是员工衡量自身价值、界定自己和他人能力的一种方法。换言之，就是让职位满足人的心理需求，实现人与职位的动态匹配。

（3）"能力+职位"的复合式管理体系

过去，企业主要构建基于职位的管理体系，要求人去适应职位，职位的变迁要求员工自身的素质、能力、技能与之相适应。现在，"能力+职位"的复合式管理体系以职位分析与管理系统及胜任力系统为基础，其中基于职位的人力资源管理职能以职位为基础，基于能力的人力资源管理职能以实践能力为基础。

2. 人与组织

人与组织匹配是战略人力资源管理的一个热点命题。组织系统中，人力资源管理系统是一个重要的序参量，支配着各子系统的行为，主宰着组织的整体演化过程。具体而言，各子系统的运作都对人力资源提出不同的要求，同时，各子系统目标的实现都依赖于人力资源管理的支持与合作。人力资源管理直接调节着人与组织的匹配度，是促进人与组织匹配的中心环节。人与组织匹配的研究是关于人与他们所工作的组织之间产生相容性的前因和后果的研究。

（1）人与组织命题的内涵

人与组织的命题实质上反映了人与组织相互作用的结果，人与组织的相互作用也是人与组织匹配研究最为核心的环节。人与组织的相互作用涉及三个方面：个体特征对组织的影响、组织特征对个体的影响，以及个体、组织和行为的交互作用。人与组织匹配反映了个体的特征，资源和需要与组织的特征，资源和需要之间的相似、互补及相容的程度，最终通过行为体现出来。

①组织文化与个人特质相匹配。人和组织在战略和文化上要相适应，人的素质与能力要同企业的战略、文化与核心能力相匹配，要保持组织和个人的同步成长和发展，使得人的内在需求能够在组织中得到满足，个人价值得到实现；同时，人也要符合组织战略与文化的需求，使个人目标与组织目标一致。

②组织期望与个人期望相匹配。人与组织之间的矛盾和冲突主要源于双方在期望、目标上的矛盾和冲突。这种矛盾主要体现在六个方面：个人目标期望与组织目标期望失衡；个人的自我角色定位与基于分工的组织角色期望矛盾；个人的责任认知与组织的责任期望偏离；个人的能力水平与组织的能力期望不匹配；个人的实际贡献与组织的业绩期望存在差距；个人的行为与组织对员工的行为期望相悖。由于存在上述六个方面的矛盾，导致组织与员工对收益的预期存在矛盾，从而使组织与员工难以形成真正意义上的利益共同体。只有在组织与员工建立对收益的合理预期、人与组织的矛盾得到解决时，才能实现人与组织的匹配与发展。

③组织发展与个人发展相匹配。组织发展以组织整体效率和组织长期绩效的提升为目标；个人的发展以个人职业生涯的发展和高回报薪酬与福利为主要目标，二者会产生一些矛盾。一方面，可能存在组织发展影响个人职业发展的情形，

组织战略的转变导致组织业务流程和资源要求变化，如果需要现有人力资源转换岗位或提升技能，个人的职业生涯发展将受到影响；另一方面，也可能存在个人职业发展影响组织发展的情形，个人核心专长无法在组织中得到发挥，员工消极怠工、情绪低落等都会影响组织的发展。

人与组织的整体协同包括三个层面的内容：一是整个组织的核心人力资源队伍建设要与企业的核心能力相匹配，以支撑企业核心能力的形成；二是组织的人力资源结构要符合企业业务结构与发展模式的需求，要依据企业业务结构的调整与优化进行人力资源结构调整与优化；三是每个个体的能力要符合企业战略和文化的需求，个体要认同组织的文化，形成自己的核心专长与技能。

（2）人与组织命题在人力资源管理中的体现

支撑人与组织命题的人力资源管理涵盖了业务流程管理、组织设计与管理以及文化管理等活动，实现了业务流程、组织战略和组织文化的适配，解决了人与组织的整体协同问题。

①业务流程管理是在企业确立战略目标和全面分析内外部经营环境的基础上，对企业业务流程进行分析、设计和管理。人力资源战略规划为组织业务流程长期有效地运行与管理提供适配的人力资源。

②组织设计与管理是在企业流程设计的基础上，为保证战略目标的实现而设计的企业组织结构、管理模式、岗位配置、人员配置等。通过绩效管理建立组织目标的层层传递系统，使个体目标与组织目标相一致；建立基于能力的人力资源管理体系，通过建立员工的核心素质、专业素质、关键岗位素质、团队结构素质模型，实现组织的核心能力与员工的核心专长和技能的有效匹配；建立基于相关利益者价值的薪酬分配体系，明确企业内部各阶层的收益预期，形成利益共同体与事业共同体。只有驱动组织内各层级员工基于共同的利益与目标，团结一致、协同合作，才能在真正意义上实现员工与组织的协同发展。

③文化管理是人力资源管理的最高层次，涉及对企业现有文化的分析和创建。文化管理的职能主要体现在两方面：构建一个包括企业核心价值、理念文化、制度文化、行为文化和形象文化等多层次、相互影响的文化体系，为员工和企业的发展创造良好的氛围；建立基于利益相关者价值的企业文化体系，特别是价值分配体系，明确企业内部各阶层的收益预期，形成利益共同体与事业共同体。

3. 人与价值

人与价值问题已经成为人力资源管理的核心问题，涉及以人力资源的价值发现、价值创造、价值评价和价值分配为核心的人力资源价值链管理。研究人与价值问题主要应进行以下工作：第一，理解企业发展战略及策略目标，分析业务状况与组织框架，确认人力资源的战略、目标、原则、政策；第二，对人力资源现状进行盘点，主要是识别人力资源的现状与战略问题，分析人力资源现状与未来战略需求的差异；第三，对人力资源的供给与需求进行预测，发现人力资源的供求缺口；第四，设计人力资源战略性问题的系统解决方案，调整人力资源管理系统业务职能，为实现人力资源战略规划的落地进行政策安排，并制订具体措施及行动计划；第五，对人力资源战略规划的实施情况进行实时的评估与控制，以适应组织与战略发展的需要，发掘人力资源管理的战略价值。

基于价值创造的培训与开发有利于开发和保持人力资源创造价值的能力。职业生涯管理活动主要包括六个步骤，即职业生涯机会评估、确定职业生涯目标、选择职业生涯路线、选择职业、制订培训计划、评估与反馈，其中职业生涯机会评估包括自我评估、组织因素评估、社会因素评估三个维度。由此可见，职业生涯管理体系的设计思路和目的更倾向于培养人和发展人，体现的是人力资源管理价值链中的价值创造部分。

战略绩效管理激励人力资源创造价值，解决人力资源价值贡献排序问题。技能等级评定是针对员工面临的职业发展"天花板"问题而开展的一系列工作，其目的在于通过对员工的价值贡献（技能层面，而非绩效层面）对其进行部分评价，并基于价值贡献对其进行激励。它将员工的职业发展活动与企业的薪酬体系进行对接，通过提升员工的技能，达到员工个人薪酬增加、企业价值增值的共赢目的。

薪酬管理解决人力资源价值分配问题，保证人力资源价值贡献的公平回报。基于价值贡献的薪酬体系根据任职者在特定岗位上的业绩水平和价值贡献大小来确定其薪酬水平。

二、人力资源管理的功能

由于人力资源管理的功能和职能在形式上有些相似，并且在英文中"功能"和"职能"也都对应为同一单词"function"，所以许多人常常把人力资源管理的功能和人力资源管理的职能混淆，但从严格的意义上来说，功能和职能在本质上是不同的，因此将人力资源管理的功能和职能加以严格区分是有意义的。人力资源管理的功能是指它自身应该具备或者发挥的作用，而人力资源管理的职能则是指其所应承担或履行的一系列活动。人力资源管理的功能是通过它的职能来实现的，是履行人力资源管理职能的结果。

人力资源管理的功能主要体现在四个方面，即人力资源的获取、开发、保持、激励。

获取功能是指为实现企业目标，吸引和甄选合适的人员进入企业，并配置到相应的岗位上；开发功能是指不断地培训员工，开发员工的潜能，使他们掌握在本企业现在及将来工作所需要的知识、能力和技能；保持功能是指使现有员工满意并继续留在本企业工作；激励功能是指引导与改变员工的态度、行为，使其在本职工作岗位上发挥才能，创造优良绩效。

应当注意的是，人力资源管理的这四项功能不是孤立存在的，而是密切联系、相辅相成、彼此配合的。某一方面的决策常常会影响其他方面的决策。具体来说，包括以下内容：获取功能是基础，它为其他功能的实现提供了前提条件，没有人员进入，其他功能就无从谈起，但是如果选择不恰当的人员进入企业，也会给其他功能的发挥带来极大的障碍；激励功能是核心，只有激励员工创造优良业绩，才能确保组织战略目标的实现，最终使企业得以生存与发展，所以，其他功能都是为其服务的；开发功能是手段，没有合适的培训与开发活动，员工无法掌握相应的知识与技能，就不可能获得较高的绩效，激励功能也无法发挥，所以育人是用人的前提，通过"育"来实现"用"，以达到最终目标；保持功能是使员工满意并安心地在本企业工作，只有这样才能形成并保持企业的核心竞争力，降低企业成本。

第四节 人力资源管理的目标、职能与责任

一、人力资源管理的目标

人力资源管理应当达到或实现什么样的目标，一直都是学术界和人力资源管理专业人员在认真研究和思考的问题，国内外学者对其进行了一定的概括和说明。

美国学者提出了四大目标：第一，保证适时地雇用到组织所需要的员工；第二，最大限度地挖掘每个员工的潜能，既服务组织目标，也确保员工的发展；第三，留住那些通过自己的工作有效地帮助组织实现目标的员工，同时排除那些无

法为组织提供帮助的员工；第四，确保组织遵守政府有关人力资源管理方面的法令和政策。

阿姆斯特朗认为人力资源管理应当实现10个目标：通过公司最有价值的资源——员工，来实现公司的目标；使人们把促成组织的成功当作自己的义务；建立具有连贯性的人事方针和制度；努力寻求人力资源管理方针和企业目标之间的统一；当企业文化合理时，人力资源管理方针应起支持作用，否则人力资源管理方针应促使其改善；创造理想的组织氛围，鼓励个人创造性，培育积极向上的作风；创造灵活的组织体系，帮助公司实现竞争环境下的具体目标；提高员工个人在决定上班时间和职能分工方面的灵活性；提供工作和组织条件，为员工充分发挥潜能提供支持；维护和完善员工队伍建设。

学者萧明政将人力资源管理的目标归纳为三点：第一，保证组织人力资源的需求得到最大限度的满足；第二，最大限度地开发和管理组织内外的人力资源，促进组织的持续发展；第三，维护和激励组织内部的人力资源，使其潜能得到最大限度的发挥，使其人力资本得到应有的提升和扩充。

学者董克用认为，人力资源管理的目标应当从最终目标和具体目标两个层面来理解。

人力资源管理的最终目标是有助于实现企业的整体战略和目标。因为对企业进行管理的目的就是要实现企业的既定目标，而人力资源管理作为管理的组成部分，必然要有助于此目标的实现。虽然不同企业的整体目标可能有所不同，但创造价值以满足相关利益群体的需要，这一最基本的目标都是一致的。而人力资源管理具体目标的实现，可以保证人力资源管理最终目标的实现，从而支持企业整体目标的实现。

从企业价值链的角度来看，人力资源管理的具体目标就是要为企业价值链中各个环节的运行提供强有力的支持。

二、人力资源管理的职能

人力资源管理的目标是通过其承担的各项职能及从事的各项活动得以实现的。有关人力资源管理的职能和活动，国内外的学者看法不一，存在许多观点。综合来看，人力资源管理的基本职能和活动大致可以归纳为以下七个方面。

（一）人力资源规划

人力资源规划是为了实现企业的战略目标，根据企业的人力资源现状，科学

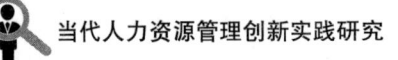

地预测企业在未来环境变化中的人力资源供求状况,并制定相应的政策和措施,从而使企业的人力资源供给和需求达到平衡,并使企业和个人都获得长期的利益。其主要活动包括两种:一是根据组织的发展战略和经营目标预测未来一定时期内,组织的人力资源需求和供给情况;二是根据预测的结果,制订平衡供需的计划。

(二)工作岗位研究

工作岗位研究是指以企事业各类劳动者的工作岗位为对象,采用科学的方法,经过系统的岗位调查、岗位信息采集,以及岗位分析和岗位评价,制定出岗位说明书等人事管理文件,为员工的招聘、考核、培训、晋升、调配、薪酬和奖惩提供客观依据的过程。其主要活动包括界定组织内各职位所要从事的工作内容和承担的工作职责,确定各职位所要求的任职资格。

(三)招聘与录用

招聘与录用是指在企业总体发展战略规划的指导下,用人单位制订相应的职位空缺计划,并寻找合格员工的可能来源,吸引员工到本组织应征,从而填补这些职位空缺,同时加以录用的过程。其主要活动包括三种:一是招募,是企业以发现和吸引潜在员工为主要目的而采取的做法;二是甄选,是对已经获得的可供任用的人选做出进一步的甄别、比较,从而确定本单位最后录用的人员;三是录用人员的通知,试用合同的签订,人员的初始安排、试用、正式录用等。

(四)培训与开发

培训与开发是指组织为实现经营目标和员工个人发展目标而有计划地组织员工进行学习和训练,以改善员工工作态度、增加员工知识、提高员工技能、激发员工创造潜能,进而保证员工能够按照预期标准或水平完成所承担或将要承担的工作和任务的人力资源管理活动。其主要活动包括进行培训与开发需求分析、制订培训与开发计划、组织实施培训与开发计划、进行培训与开发效果评估及反馈。

(五)绩效管理

绩效管理是指为了实现组织发展战略目标,采用科学的办法,通过对员工个人或组织的综合素质、态度行为和工作业绩进行全面监测分析与考核评定,不断激励员工提高综合素质，改善组织行为，充分调动员工的积极性、主动性和创造性，挖掘其潜力的活动过程。其主要活动包括构建绩效计划与指标体系、对绩效管理过程进行控制、对员工进行绩效考核与评价、对员工进行绩效反馈与面谈、应用绩效考核结果。

（六）薪酬管理

薪酬管理是在组织经营战略和发展规划的指导下，综合考虑内外部各种因素的影响，确定自身的薪酬构成、薪酬水平、薪酬结构，并进行薪酬调整和薪酬控制的过程。其主要活动包括确定薪酬水平、薪酬结构和薪酬形式，进行薪酬调整和薪酬控制。

（七）劳动关系管理

劳动关系管理是以促进企业经营活动的正常开展为前提，以缓和并调整企业劳动关系的冲突为基础，以实现企业劳动关系的合作为目的的一系列组织性和综合性的措施和手段。其主要活动包括促进企业劳动关系和谐、缓和及调整企业劳动关系冲突。

必须指出的是，人力资源管理各项职能间相互联系、相互影响，共同组成了一个有机的系统。在这个系统中，有两个职能尤为重要，一是工作岗位研究，二是绩效管理。工作岗位研究是整个人力资源管理职能体系的基础，它为人力资源管理的其他职能提供了支撑和保证；绩效管理是核心，人力资源管理的其他职能都会和它产生一定联系。

三、人力资源管理的责任者

人力资源管理部门及其工作人员是人力资源管理的责任者，这一点毋庸置疑。但除此之外是否还有其他的责任者，目前并未明确。虽然人力资源管理部门及其工作人员的全部工作都围绕着企业内的"人"来展开，担负着企业人力资源的选、育、留、用的重任，但这并不是说企业人力资源管理的全部责任都应当由他们来承担，人力资源管理的责任者应当是企业从高层、中层到基层的所有管理者。

从是否专门从事人力资源管理工作的角度来看，我们可以把人力资源管理者分为两大类：一类称之为专业人力资源管理者，即人力资源管理部门的专业人员，

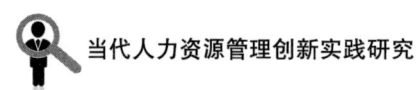

他们担负着人力资源管理政策、制度、程序、方法的制定工作；另一类称之为一般人力资源管理者，即直线经理，他们是人力资源管理实践活动的主要承担者。从宏观上来说，这两类人员共同担负着企业人力资源管理的责任；从微观上来说，这两类人员分工合作、各司其职，在整个人力资源管理活动中各有不同的工作分工和工作重点。具体来说表现在以下几个方面：其一，专业人力资源管理者制定的企业人力资源管理相关政策和制度，由一般人力资源管理者进行层层分解和贯彻落实；其二，专业人力资源管理者对一般人力资源管理者的工作进行监督，检查其对人力资源管理政策和制度的执行情况，及时发现问题并予以纠正，与此同时还要提供必要的指导和技术支持，保障他们顺利完成人力资源管理工作；其三，一般人力资源管理者根据其工作现实状况，提出有关人力资源管理的需求，专业人力资源管理者根据需求提供相应服务。如表1-4所示为一般人力资源管理者和专业人力资源管理者在人力资源管理具体职责上的大致分工。

表1-4 一般人力资源管理者与专业人力资源管理者的职责分工

职能	一般人力资源管理者的职责	专业人力资源管理者的职责
工作岗位研究	为岗位分析人员提供相关工作信息； 协助岗位分析人员编写和修改岗位说明书	根据部门主管提供的信息，编制岗位说明书； 与其他部门进行沟通，修订岗位说明书
人力资源规划	提出未来需求人员的数量要求； 提出未来需求人员的质量要求	汇总各部门的人员需求计划，综合分析，预测企业总体的人员需求； 预测企业总体的人员供给；拟订供需平衡总体计划
招聘与录用	说明空缺岗位对人员的要求，为选拔测试提供依据； 面试应聘人员； 做出录用决策	根据规划确定招聘时间、范围和方法； 发布招聘信息； 初步筛选应聘人员； 配合用人部门对应聘者进行测试，确定最终人选； 为新员工办理各种手续
培训与开发	对新员工进行指导和培训； 向人力资源管理部门提出培训需求； 参加有关的培训项目； 对培训提出意见	制定培训方案，包括培训形式、项目和责任等； 汇总各部门的需求，平衡并形成企业的培训计划； 组织实施培训计划； 收集反馈意见

续表

职能	一般人力资源管理者的职责	专业人力资源管理者的职责
薪酬管理	提供各项工作性质及相对价值方面的信息； 提出相关的奖惩建议	实施工作评价； 进行薪酬调查； 确定薪酬体系； 审核各部门的奖惩建议； 办理福利、保险项目
绩效管理	确定本部门考核指标的内容和标准； 参加考核者的培训； 具体实施本部门的考核； 根据考核结果向人力资源管理部门提出相关建议	制定薪酬管理的体系，包括考核内容的类别、周期、方式及步骤等； 指导各部门确定考核指标的内容和标准； 对管理者进行考核培训； 组织考核的实施； 处理员工对考核的申诉； 保存考核的结果； 根据考核结果做出相关决策
劳动关系管理	营造相互尊重、相互信任的氛围，维持健康的劳动关系； 贯彻劳资协议的各项条款； 确保员工申诉程序按照劳资协议执行，在调查后做出申诉的最终裁决； 与人力资源管理部门共同参与劳资谈判； 建立沟通机制，保持员工沟通渠道的畅通； 确保员工在纪律、解聘、职业安全等方面受到公平对待	分析导致员工不满的深层次原因； 帮助直线经理理解劳资协议的条款，防范易出现的问题； 向直线经理提出员工投诉的处理建议，帮助有关方面就投诉问题达成最终协议； 帮助直线经理提高沟通技能； 开发和推行确保员工得到公平对待的相关程序

总而言之，人力资源是指能够推动社会和经济发展，并能被组织利用的劳动者的能力，是人的脑力和体力的总和，包括知识、经验、技能和体能等方面能力。人力资源是一种特殊的资源，它具有能动性、时效性、再生性、可变性、差异性、社会性和可开发性等特征。人力资源和人力资本是既有联系又有区别的两个概念。人力资源包括数量和质量两个方面。

人力资源管理，是组织为实现既定目标，运用现代化的科学方法和理论，获取、开发、保持和有效利用人力资源的管理过程。人事管理与人力资源管理代表了关于人的管理的不同的历史阶段。人力资源管理的功能主要体现在获取、开发、保持、激励四个方面。促进企业实现整体战略和目标是人力资源管理的最终目标，这个最终目标的实现需要依靠四个具体目标——保证价值源泉中人力资源的数量和质量、为价值创造营建良好的人力资源环境、保证员工价值评价的准确有效和实现员工价值分配的公平合理。人力资源管理的职能主要包括工作岗位研究、人力资源规划、招聘与录用、培训与开发、绩效管理、薪酬管理和劳动关系管理等。

第二章 工作分析与设计研究

工作分析与工作设计是人力资源管理中不可或缺的重要环节。本章为工作分析与设计研究，第一节为工作分析概述，第二节介绍工作分析的方法，第三节讨论工作设计与工作分析的实施。

第一节 工作分析概述

一、工作分析的基本含义

从客体分布范围上划分，工作分析有广义的工作分析与狭义的工作分析两种。广义的工作分析，是对于整个国家与社会范围内岗位工作的分析；而狭义的工作分析，是对于某一企事业组织内部各岗位工作的分析。本书所指的主要是狭义的工作分析。

工作分析，是收集与某一特定工作相关的工作信息的系统过程。简言之，就是分析者在短时间内，用以了解有关工作信息与情况的一种科学手段。具体讲，就是一种活动或过程，它是分析者采用科学的手段与技术，直接收集、比较、综合有关工作的信息，对企业各类岗位或工作的性质、任务、程序、工作条件和环境，以及员工承担本岗位或工作应具备的知识、技能、能力、经验以及个人特征等条件所进行的系统分析和研究，并制定出工作描述和工作规范等规范性说明文件，为组织特定的发展战略、组织规划、人力资源管理以及其他管理行为提供基本依据的一种管理活动。

国内学者认为工作分析是全面了解一项职务的管理活动，也是对该项职务的工作内容和职务规范（任职资格）的描述和研究的过程，即制定职务说明和职务规范的过程。也有学者认为工作分析是指对某项特定的工作做出明确的规定，并确定完成这一工作需要有什么样的行为的过程，也叫作职务分析、岗位分析。

工作分析的主体是工作分析者，客体是整个组织体系，对象是工作，包括战略目标，组织结构，部门职能，岗（职）位中的工作内容、工作责任、工作技能、工作强度、工作环境、工作心理以及工作方法、工作标准、工作时间及其在组织中的运作关系。

所以，工作分析不仅仅是单纯的关于工作的描述，除了包括对工作内容、工作性质、工作方式、工作环境，以及任职者的知识、技能、经验、身体素质、心理素质要求等多方面的分析以外，还应包括对企业内、外部环境的分析。

二、工作分析的相关术语

由于工作分析与职位对应的工作活动是紧密联系在一起的，因此有必要介绍一些与之相关的基本概念（图2-1）。

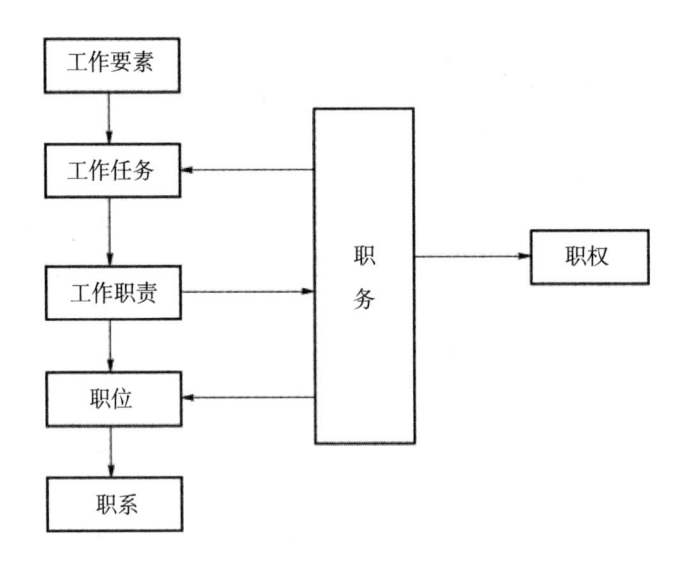

图 2-1　工作分析相关概念图解

（一）工作要素

工作中不能再继续分解的最小动作单位，如接电话的动作"拿起电话"，为一个工作要素。

（二）工作任务

完成某项工作任务需进行一系列（一个或多个）的工作要素。如复印文件（任务）包括4个工作要素，启动复印机、放入复印纸、放入文件、按动按钮进行复印。

（三）工作职责

工作职责是指为实现一定的组织职能或工作目标而承担的一项或多项任务组成的活动。如工作满意度调查是人力资源经理的一项职责，由5个任务组成，包括设计工作满意度的调查问卷、进行问卷调查、统计分析、反馈结果、采取相应措施。

（四）职位

职位又称为岗位，指承担一项或多项职责的某一任职者所对应的组织位置，是组织的基本构成单位。职位数量等于员工数量（常态下）。

（五）职务

职务（Job）又称工作，由一个或一组职责类似的职位组成。例如，从事营销的工作人员（职位）组成营销（职务），即营销部（职务）有多个营销人员（职位）。

三、工作分析的内容

工作分析主要说明两方面的内容：一是对工作本身做出规定，即工作描述或职务描述；二是明确对工作承担者的行为和资格要求，即工作说明书或职务规范。

一般而言，工作分析包括7个问题的调查和5个方面的信息分析。

这7个问题的调查（简称为6W1H）如下：

①由谁来做（Who），需要什么样的人来完成这项工作。任职者的资格条件具体包括知识技能、工作经验、教育培训、身体素质、心理素质等方面的内容。

②做什么（What），即需要完成什么样的工作，即这一职位具体的工作内容是什么。

③在哪里做（Where），即该岗位的工作环境，包括物理环境、社会环境和安全环境。

④何时做（When），即工作时间的安排。

⑤为什么做（Why），即从事这些工作的目的是什么？

⑥为谁做（For whom），即这些工作的服务对象是谁？

⑦如何做（How），即如何进行这些工作？

5个方面的信息分析如下：

①工作名称分析，包括对工作特征的描述、概括与表达的分析。

②工作内容分析，包括对工作任务、工作责任、工作关系与工作强度的分析。

③工作环境分析，包括对物理环境、安全环境与社会环境的分析。

④工作条件分析，包括对必备的知识、经验、操作技能和心理素质的分析。

⑤工作过程分析，包括对工作环节、人员关系与所受影响的分析。

四、工作分析的作用

工作分析是整个人力资源开发与管理的奠基工程，在人力资源开发与管理过程中，具有十分重要的作用和意义，而且对于组织的管理与发展，乃至社会生产力的提高都有着不可忽视的意义。具体来说，工作分析在人力资源管理中的作用与价值主要表现在以下几个方面。

（一）是整个人力资源开发与管理科学化的基础

人力资源管理过程包括岗位设计、招聘、配置、培训、考核、付酬等环节，每个环节的工作均需要以工作分析为基础。岗位设计要以岗位职责与职务说明书为依据，招聘要以职位说明书为依据，配置要以工作要求为依据，培训要以工作内容和要求为依据，考核要以工作目标为依据，付酬要以岗位职责大小、所需技能高低与实际贡献大小为依据，这一切都要以工作分析为基础。因此，工作分析有助于促进工作评价、人员测评、定员、定额、人员招聘、职业发展设计与指导、绩效考评、薪酬管理及人员培训的科学化、规范化和标准化。

（二）是组织现代化管理的客观需要

传统的管理模式有值得借鉴的地方，但也有不少弊端，如凭经验管理，重视物力、财力因素而忽视人力因素的作用，重视人的现有能力而忽视对人的潜力的发掘。在现代社会生产中，工作效率的提高越来越依赖于人力因素的作用。因此，现代化管理的突出特点是强调以人为中心，强调在工作分析的基础上进行工作再设计和恰到好处的定员、定额，为工作者创造和谐的组织氛围，创造良好的工作条件和工作环境，控制各种有害因素对人体的影响，保护工作者的身心健康，以激发工作者的自觉性、主动性和创造性，从而满足现代化管理的需要。

（三）有助于实行量化管理

现代企业管理实践表明，提高效益既要依靠好的政策和技术进步，又要依靠严格和科学的管理。实行严格和科学的管理需要一系列的科学标准和量化方法作为保障。工作分析通过对岗位工作客观数据和主观数据进行分析，充分揭示了整个劳动过程的现象和本质的关系，有助于企业实行量化管理。

（四）是管理者决策的基础

对于一个组织（包括公共事业组织和企业组织）而言，每个岗位的工作相当于建筑大厦中的砖块，不仅是组织结构中最为基本的组成部分，而且是一切管理行为的出发点和归宿。任何一个管理者，包括高层决策者，都不能不考虑什么样的工作内容与条件才能让员工的潜能与积极性得到充分发挥，什么样的工作标准与要求才能使员工的产品或服务满足社会需求，进而使自己的组织获得生存力和发展力，从而更具有竞争力。工作分析正是帮助管理者全面把握组织内外各项工作信息的有效工具，如果缺少这一过程，管理者的决策与管理将缺乏所需要的关于资源配置及保证其有效使用的重要信息。

（五）是当前组织变革与组织创新的重要手段

工作分析为组织工作目标的重新选择、调整与组合提供了科学的依据与支持，为组织目标变革后重新界定各部门与各岗位的工作提供了思路和基础，因此对于组织变革与结构调整条件下的管理决策来说非常重要。在现代竞争日趋激烈的市场经济条件下，组织的生存与发展越来越依赖于经营者的不断创新。在市场开拓与工作创新的过程中，需要打破以往组织工作的传统习惯，这就要求组织管理者通过工作分析不断对工作内容、工作标准与工作过程进行创造与创新，并在工作分析的基础上进行有效控制，以确保组织目标的实现。

（六）是提高现代社会生产力的需要

社会生产力的提高表现为生产效率和生产质量的提高，而提高生产效率与生产质量，关键在于简化工作程序，改进生产工艺，明确工作标准和要求，让每个人从事其最适合的工作，以达到最好的工作效果。现代生产过程越来越复杂，企业规模越来越大，工艺流程越来越长，分工越来越细，具体的劳动形式和生产环节越来越多，这对劳动协作的空间和时间提出了更高的要求。为了科学地配置与协调不同劳动者的工作，必须对生产过程分解后的基本单位——工作岗位，进行科学的分析。

（七）有助于人力资源管理的研究

人力资源管理研究者主要研究人力资源管理的现象与规律。所有人力资源活动中的"人"与"事"及其关系，是整个人力资源管理研究的基本点。其中，"事"是内核；"人"在这里不是一般意义的人，而是与一定"事"即工作相联系的"人"，是在职人员或求职人员。因此，要对人力资源管理进行深入而科学的研究，不掌握工作分析的理论和方法是不行的。

五、工作分析的原则

工作分析从宏观上讲，是组织战略设想和规划得以贯彻、落实的基础与保障；从微观上讲，则是每位具体员工、每项具体工作得以安排与开展的依据和蓝本。工作分析开展得好坏，不仅会直接影响组织的生存和发展，也会直接影响组织内每一位成员的工作质量和生活水平。因此，为了提高工作分析的科学性、合理性和有效性，保障工作分析的顺利、有序进行，有必要确定一些相应的原则。

（一）系统原则

系统是指由一群有关联的个体组成，根据预先编排好的规则工作，具有特定结构和功能，能完成个别元件不能单独完成的工作群体。一个企业就可以被看成一个相对独立的系统。在对某一工作进行分析时，要注意该工作与其他工作的关系以及该工作在整个组织中所处的地位，从总体上把握该工作的特征及对人员的要求。

（二）动态原则

企业所处的环境是不断变化的，尤其是随着高新技术的应用得到普及，员工的能力和需求层次也有了很大的提高。不断变化的环境要求工作分析不仅要能够体现大背景下工作内容和性质的发展趋势，而且要符合组织的具体特性及发展目标。动态原则就是要求根据企业的战略意图、环境的变化、业务的调整，经常性地对工作分析的结果进行调整，以充分适应企业的未来发展需求。工作分析是一项常规性的工作，需要定期对其进行修订。

（三）目的原则

在工作分析中，要明确工作分析的目的，目的不同，其侧重点也不同。工作分析中，要根据其目的，确定工作分析的侧重点。工作分析既不是主观臆断，也不是罗列清单。如果工作分析是为了明确工作职责，那么分析的重点应该在工作范围、工作职能、工作任务的划分上。如果工作分析的目的在于选聘人才，那么分析的重点应该在任职资格的界定上；如果工作分析的目的在于确定薪酬的标准，那么分析的重点应该在对工作责任、工作量、工作环境、工作条件的界定上。

（四）经济原则

经济原则又称为最优化原则，不仅指实现效益最优化，而且要求实现岗位设置、岗位职责的分配最优化，从而实现企业资源最高效率的优化配置。工作分析会耗费较多的时间、人力、财力，它涉及企业组织的各个方面。所以，我们应该根据工作分析的目的，采用合理的方法，以最小的资金投入，获得最大的收益。

（五）岗位原则

工作分析的出发点是对岗位进行分析，主要分析岗位的内容、性质、关系、环境以及人员胜任特征。需要注意的是，工作分析针对的是岗位分析，而不是对在岗人员的分析。

（六）应用原则

应用原则，即工作描述、工作规范和工作说明书，要应用于企业人力资源管理实践的各个环节。工作分析一旦形成工作说明书，管理者就应该把它应用到企业管理的各个方面。无论是人员招聘、选拔、培训，还是考核、激励，都需要严格按工作说明书的要求来做。

第二节 工作分析的方法

一、访谈法

访谈法作为一种常用的工作分析方法，指的是访谈人员就某一岗位与访谈对象，利用事先拟定好的访谈提纲进行面对面的交流和讨论，从而收集岗位信息的一种方法。访谈对象可以包括该岗位的现任者、该岗位的直接主管人员、熟悉该岗位的专家人员以及任职者的下属等。根据访谈对象的不同可以将访谈法分为个别员工访谈法、群体访谈法以及主管人员访谈法。根据访谈内容的结构化程度可以将访谈划分为结构化访谈和非结构化访谈。一般工作分析访谈的流程大体上包括三个阶段，即准备阶段、实施阶段和整理阶段。

（一）准备阶段

准备阶段主要包括制订访谈计划、培训访谈人员和制定访谈提纲。

制订访谈计划主要是为了明确访谈目标、确定访谈对象，选定合适的职位分析访谈方法，确定访谈的时间、地点，以及访谈所需的材料和设备等。

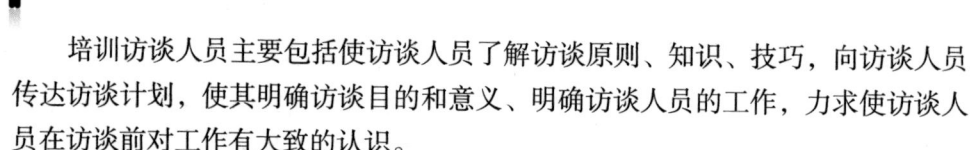

培训访谈人员主要包括使访谈人员了解访谈原则、知识、技巧，向访谈人员传达访谈计划，使其明确访谈目的和意义、明确访谈人员的工作，力求使访谈人员在访谈前对工作有大致的认识。

制定访谈提纲主要是为了防止在访谈过程中出现严重的信息缺失，确保访谈过程的连贯性和准确性。

（二）实施阶段

实施阶段可以分为实施开始阶段、实施主体阶段和实施结束阶段。实施开始阶段主要是通过从被访者感兴趣的话题入手，营造一种相对轻松的访谈气氛，然后向被访者介绍本次访谈的流程。若在访谈过程中，需要使用辅助记录手段，如录音，应向被访者事先说明。实施主体阶段是根据事先的访谈计划全面展开工作分析的阶段，即通过寻找访谈的切入点，详细询问工作任务等，对所需了解的相关信息进行全面深入的掌握，就细节问题进一步追问，并与被访者确认信息的真实性与完整性。实施的结束阶段应感谢被访者的帮助与合作。

（三）整理阶段

整理阶段是整个访谈过程的最后一个环节，由相关工作分析人员整理访谈记录，为下一步信息分析提供清晰、有条理的信息记录。

二、问卷调查法

问卷调查法是工作分析中广泛采用的分析工具之一，是指以问卷的形式，通过使任职者或其他相关人员填写问卷以收集工作信息的方法。该方法结合组织岗位实际需要，由相关人员事先设计出工作分析问卷，然后由相关人员填写，最后再将问卷加以归纳分析。并据此写出工作职务描述，然后再征求岗位相关人员意见而形成工作说明书和工作规范标准。

根据结构化程度，调查问卷可以分为结构化问卷和非结构化问卷。结构化问卷多采用封闭式问题收集信息，便于进行信息收集和职位比较，一般具有较高的信度和效度。而非结构化问卷中多是开放式问题，具有适应性强和灵活高效的优势，能够对不同的组织进行个性化设计，但问题随意性较强，不容易进行统计和分析。无论设计何种职位调查问卷，都要从职位角度出发。如表2-1所示，在开放式问卷中，被调查者可自由地回答所提的问题。

表 2-1　工作分析开放式调查问卷示例

填表日期：		年　月　日	
岗位部门		岗位名称	
岗位编号		岗位定员	
工资等级		直接上级	
所辖人员		直接下级	
职责内容		（一）工作内容简介	
职责内容		（二）工作职责与任务	
职责难度		（一）工作复杂性	
职责难度		（二）所受监督情况	
职责难度		（三）对工作结果的负责程度	
职责难度		（四）组织内外部协调关系	
职责难度		（五）所需创造力	
职责难度		（六）所需工作条件	
职责难度		（七）任职资格方面	
填表人（签名盖章）			
所属部门上一级主管	（签名盖章）	所属部门直接主管	（签名盖章）

（一）问卷设计

根据工作分析的目的与用途，在充分考虑问卷引导语（填写说明）、题项数量及难度、问卷长度、题目等方面的基础上设计出适合的调查问卷。

（二）问卷试测

对于设计出的问卷初稿在正式调查前应选取局部岗位进行试测，针对试测过程中出现的问题及时加以修订和完善，避免正式调查时出现严重的结构性错误而造成资源浪费。

（三）样本选择

调查样本可以选择任职者、直接上级、有代表性的其他相关人员。针对某一具体职位进行分析时，应对操作性进行考虑，若目标职位任职者较少（一般3人以下），则任职者均可作为调查对象；若任职者较多，则应选取适当的调查样本（以3至5人为宜）。

（四）问卷调查及回收

在对工作分析人员进行必要的培训后，将通过相应调查渠道（比如组织文件或组织内部工作系统等）实施职位分析问卷调查。在问卷填写过程中，工作分析人员应及时了解和跟踪相关人员的填写状况并解答可能出现的问题，并按调查计划及时回收问卷。

（五）问卷处理及运用

工作分析人员对于回收的问卷应剔除不合格问卷，然后进行汇总、分析、整理，将相同或类似职位的问卷进行比较分析，提炼信息，并编制工作说明书。

三、资料分析法

资料分析法又称文献分析法，是一种通过对已有的和工作相关的文献资料进行系统性分析，以经济有效的手段获取有关工作信息的资料收集方法。以下为资料分析法的操作流程。

第一步：确定工作分析对象。主要是明确对什么职位进行分析。

第二步：确定信息来源。主要是明确通过组织或个人的何种渠道收集有关工作的信息。

第三步：收集原始资料。通过尽可能多的方式收集信息，比如，对已有的公司内部管理制度、员工工作手册、岗位职责说明、会议记录、作业流程说明、质量标准文件、工作环境描述、员工生产记录、工作计划、设备材料使用与管理制度、部门文件、作业指导书等以及公司外部类似职位的相关信息进行分析和提炼。

第四步：筛选整理有效信息。包括各项工作活动与任务、工作环境要求，任职者的知识、技能、能力要求，以及绩效标准和工作产出等，同时对已有文献资料与企业实际的衔接问题进行针对性分析。

第五步：描述信息。在对以上信息获取及分析的基础上，初步编制工作说明书。

总体上，该方法能比较经济有效地收集已有信息，节约成本。但同时，因为该方法是对现有资料的分析、提炼和加工，所以它无法弥补现有资料的空缺，也无法验证原有资料的真伪。因此，资料分析法一般用来收集工作的原始信息，编制任务清单的初稿，然后用其他的方法将该方法收集到的信息进行验证。

四、观察法

观察法是指由工作分析人员通过实地的观察、交流、操作等方式收集工作信息的方法，观察法也是一种传统的工作分析方法。

根据不同的观察目的，可以将观察法分为描述性观察法和验证性观察法。描述性观察法的目的是通过对任职者行为、活动等进行观察来获取完整信息，为后续编制访谈提纲、调查问卷及工作说明书提供信息依据。而验证性观察法则是通过观察来验证通过其他方法所收集的信息的真伪，对信息进行加工修订，对所需验证的信息所涉及的客体进行观察。

根据不同的观察程序形式化程度，可以将观察法分为结构化观察法和非结构化观察法。结构化观察法是在对工作分析与工作设计实务相关的资料进行分析整理的基础上，针对目标职位的特点开发观察分析指南，对观察过程进行详细规范，严密掌控观察分析的全过程。而非结构化观察法则只需根据观察的目标定位、所要收集的信息进行观察，方式较为灵活，国内常用的是非结构化观察法。

运用观察法进行工作分析主要包括四个步骤：

①初步了解工作信息。首先明确观察的目的是描述性的还是验证性的，其次在已有资料的基础上设计并形成观察任务清单。

②进行观察实施前的准备。对实施工作分析的观察对象进行选择和培训。根据典型职位和任职者情况，选择绩效水平高的任职者作为观察对象，通过培训使其对工作分析的目的、流程和最终的影响进行了解，消除其戒备心，达到较好的观察效果。或者通过不被觉察的方式进行观察，注意避免产生矛盾和冲突。同时对工作分析人员进行挑选和培训，增强其观察过程的准确性和专业性。另外，合理选择观察量表。无论是选择结构化观察法，还是非结构化观察法，都应充分考虑每种方法的优缺点，并对其加以平衡和借鉴。

③实施观察。进入观察现场后需要做一些相关的铺垫工作，比如寒暄、问候，从而建立与被观察对象相互信任的关系。观察者要严格遵守观察记录的流程要求，做好现场记录。观察结束后，应及时与工作者就观察所获信息进行沟通、确认，以尽量确保观察效果和质量。

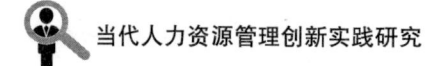

④观察数据的整理、分析和应用。观察结束后应对收集的信息数据进行归类整理，形成观察记录报告。对通过观察法所获的数据进行分析是一项庞杂的工作，尤其是非结构化观察法，要对大量的活动描述进行分析。

观察法尽管是一种传统的工作分析方法，但也有着很大的局限性，它适用于那些变化少而且动作性强的工作，同时得到的信息不是很重要。人们经常为了验证其他方法而使用观察法，所以该方法适合和其他方法一起使用。如表2-2所示，为某操作职位的"工作分析观察提纲（部分）"。

表2-2 工作分析观察提纲（部分）

被观察者姓名		日期	
观察者姓名		观察时间	
工作部门		工作/岗位类型	
观察内容			
（1）什么时候开始正式工作？ （2）上午工作多少小时？ （3）上午休息几次？ （4）第一次休息时间从　时　分到　时　分。 （5）第二次休息时间从　时　分到　时　分。 （6）与同事交谈几次？ （7）每次交谈多长时间？ （8）上午喝了几次水？ （9）室内温度多少摄氏度？ （10）工作地的噪声情况怎样？			

五、工作日志法

工作日志法是指任职者在一段规定的时间内，以工作日志或工作笔记的形式实时、准确地记录工作活动与任务活动的信息收集方法。工作日志法的最重要作用是收集原始工作信息，为其他工作分析方法提供信息支持。尤其是在缺乏文献资料时，其优势更为明显。

相对于其他工作分析方法，日志法显得更易操作、控制和分析，它也是一种相对经济的工作信息收集方法，侧重于刻画整个工作活动的结构与次序，但有些工作的核心职能可能因在填写的时间区间内没有发生，而导致重要信息的缺失。同时，工作日志法无法对日志的整个填写过程进行有效的监控，如果任职者没有足够的时间填写日志或没有认真填写，则收集的信息难以覆盖其工作的全部内容。因此，工作日志法作为一种基础的收集信息的方法，与其他工作分析方法搭配使用的效果更好。

需要注意的是，通过工作日志法收集的工作信息相当繁杂，后期信息整理工作量极大。因此，应尽量设计成结构化程度较高的工作日志表格，来减少填写过程中可能出现的偏差和不规范之处，以及降低后期分析的难度。同时，在实际操作过程之中，工作分析人员应采取事前培训、过程指导、中期辅导等措施加强与填写者的沟通交流，减少或尽量避免出现信息失真、理解误差等系统性或操作性错误，提升工作日志法收集信息的信度和效度。

六、专家会议法

专家会议法也是一种重要的工作分析方法，一般指的是将主题专家（Subject Matter Experts，SME）召集起来，针对特定职位的相关信息进行讨论，以达到收集工作信息，并验证和确认职位分析成果目的的方法。参加专家会议的成员一般由组织内部成员和外部成员组成。内部成员主要包括现任职者、曾经任职者、直接上级、其他熟悉特定职位的人及内部客户等；而外部成员主要包括其他组织的标杆职位任职者、职位分析专家以及外部客户等。专家会议过程本质上是与特定职位相关的人员进行交流与讨论的过程，通过组织的"内部、外部"、流程的"上游、下游"、时间的"过去、当前、将来"等多方面、多层次的信息交流，来达成对特定职位相对一致的评价和认识。

专家会议法的主要目的是征求各方面对特定职位的评价意见，因此，营造会场平等、互信、友好的气氛非常重要。与会人员需抛弃层级观念，就职位的各个方面进行面对面、平等、深入的探讨。外部专家的参与可以有效弥补组织内部自我修正完善能力的不足。SME 会议需要组织者在会议之前进行周密的计划安排，做好会议服务保障工作，在讨论会场安排专人记录，以便后期进行信息整理。对于 SME 会议未形成决议的事项，应在会后由专人负责处理，然后将讨论结果反馈给与会人员。

七、职位分析问卷法

职位分析问卷（Position Analysis Questionnaire，PAQ）是 1972 年美国普度

大学教授麦考密克等人开发出来的结构化工作分析问卷。该分析问卷能用来为每项工作估计价值，从而准确确定岗位的任职资格，进而为制定职位薪酬提供依据。一般的 PAQ 包括信息来源、工作产出、智力过程、人际关系、工作背景和其他职位特征等六个部分、共 194 项，其中 187 项是用来分析工作过程中员工活动特征的工作元素，其他 7 项涉及薪资问题。

经过多年实践检验和不断修正，PAQ 方法已经成为广泛应用并有相当信度的工作分析方法。PAQ 结果已应用到如工作描述、工作分类、工作评价、工作设计、人员录用、绩效评估、人员培训等人力资源管理的多个领域。

八、管理职位描述问卷法

管理职位描述问卷法（Management Position Description Questionnaire，MPDQ）是一种以管理类职位为分析对象，以结构化问卷为形式，收集工作信息的方法。由于管理工作的复杂性和多样性，传统的工作分析方法很难抓住管理工作的实质，因此需要一种与管理工作特点相适应的分析方法来完成对工作信息的收集。美国著名的工作分析专家亨普希尔、托纳和平托等人开发出了"管理职位描述问卷法"。该分析问卷能提供关于管理职位的多种信息，如工作行为、工作联系、工作范围、决策过程、素质要求及上下级之间的汇报关系等。MPDQ 问卷能通过计算机分析形成以应用为导向的多种决策支持型报告，供管理者和人力资源管理人员使用，从而可以应用到工作评价、绩效评价、人员选拔和晋升等相关人力资源管理职能中去。MPDQ 与 PAQ 的区别主要在于，MPDQ 针对性比较强，以工作为导向，分析对象主要是管理职位；而 PAQ 以人员为导向，应用更为宽泛，旨在为所有类型的职位提供服务。

九、职能工作分析方法介绍

职能工作分析方法（Functional Job Analysis，FJA）是一种以工作为导向的工作分析方法，其主要分析方向集中于工作本身。FJA 最早起源于美国培训与职业服务中心的职业分类系统。所有工作都有其特定的完成标准，而任职者要完成相关任务必须具备相应技能和能力。能力通常可以划分为通用能力、特定能力和适应环境能力，这三种能力必须达到某种程度的统一，才能完成工作任务。而 FJA 以工作者应发挥的职能为核心，旨在获取同这三种能力相关的信息，对工作的每项任务要求进行详细分析，对工作内容的描述非常具体，一般能覆盖全部工作内容的 95% 以上。

第三节　工作设计与工作分析的实施

一、工作设计的实施

企业可通过对工作的内容、功能和相互关系等进行设计，发挥工作内在的激励作用，调动员工的工作积极性，降低成本，提高生产率。为了发挥工作的内在激励作用，企业可通过以下几种方式来进行工作设计。

（一）工作轮换

工作轮换可以避免常规化的工作易使人感到单调乏味。工作轮换有纵向和横向两种类型，纵向轮换指的是升职或降职，而工作设计中通常采取的工作轮换方式是在水平方向上实现岗位的多样变化，即横向工作轮换。工作轮换可以先制订培训计划，让员工一段时间内在一个岗位上工作然后再换到另一岗位工作，以此为手段对员工进行培训。也可以在当前的工作使人产生厌倦感、不再具有挑战性时，让员工从事另一项工作。

（二）工作扩大化

工作扩大化是通过增加员工工作的种类，扩大职务范围，使员工同时承担几项工作，或者做循环周期更长的工作，来降低员工对工作的厌烦感，增加员工对工作的兴趣。随着工作任务的增加和工作多样性的提高，个体在工作时表现出更多的变化。

（三）工作丰富化

工作丰富化是让员工对自己的工作施加更大力度的控制，使其有机会参与工作的设计，得到信息反馈，进而评价和改进自己的工作，增强员工责任感和成就感，使员工对工作本身产生兴趣。工作丰富化与工作扩大化是有区别的。工作扩大化是在水平方向上扩大工作范围，增加的工作在类型上是相同或相似的，要求的工作能力和技术也是大致相同的。而工作丰富化是纵向扩大工作范围，即扩大工作的垂直负荷，要求员工完成更复杂的任务，员工有更大的自主性、担负更大的责任，因而对员工的能力和技术也就提出了更高的要求。

（四）工作时间选择

想要控制工作时间，可采取压缩工作周、实行弹性工作制、通过互联网进行居家办公等方式。

压缩工作周：可将5个8小时的工作日组成的工作周压缩为每周4个10小时的工作日，虽然工作日被压缩了一天，但每周总的工作时数不变。它没有给员工提供较多选择工作时间的空间，只是对工作时间的安排提供了一种新的选择。

弹性工作制：弹性工作制是要求员工每周工作达到一定的时数，但在限定范围内可以自由地变更工作时间的一种时间安排方案。按照弹性工作制，一天的工作时间由共同工作时间（通常为5—6小时）和弹性工作时间组成。在共同工作时间里，所有的员工都需要在岗位上；而在弹性时间里，员工可自行安排工作时间。

通过互联网进行居家办公：通过互联网进行居家办公减少了上下班在交通上花费的时间，提高了处理家庭事务的灵活性。员工对自己的时间拥有充分的支配权，可将工作安排在最具效率的时间段内进行，这不仅提高了员工的工作满意度和积极性，还有利于员工创造性的发挥。但是居家办公也带来了新的问题，这种安排方案使员工处于互相隔离的状态，缺少了正常办公时的日常交往。而对管理者来说，只接触到员工的工作结果，对工作过程无法控制，管理的难度和风险增加了。

二、工作分析的实施

（一）工作分析实施的时机

工作分析虽然是一项常规性的工作，但是在以下三种情况下，工作分析就显得格外必要和迫切。

1. 组织的有效运行受到阻碍

任何一个组织的战略或者目标，最终都要分解到每一个具体的工作职位上，通过每个职位的具体工作任务的实现来保证战略目标的实现。然而，有时组织中的高层管理者可能会发现，组织的战略计划或者战略目标得不到有效的落实，组织中的管理体系或者业务流程运行不畅。当然，造成这种情况的原因可能有很多，但是其中一个非常重要的原因就是工作职位设置出现了问题。

例如，缺乏明确的、完善的书面职位说明，员工对职位的职责和要求不清楚，这就造成了某些重要的工作没有人去做，特别是组织运行中的一些关键控制工作没有人去负责。在有些情况下，虽然有职位职责规定，但还是会经常出现推诿、扯皮、效率低下的现象。如某公司的三个不同的职位，按照规定都承担对客户服务信息系统进行维护的责任，但是在实际工作中常常会发生与客户有关的数据不一致的情况，或者客户出现问题时不知道该由哪个职位来承担责任的情况，从而严重影响了客户满意度。在这种情况下，就需要通过工作分析来进一步厘清不同职位的职责。

2. 发生组织变革或是技术进步

许多组织都曾经做过工作分析，并且也形成了较为系统的书面工作说明书，但是工作分析并不是一劳永逸的，它应该随着组织的发展而发展。当组织中进行了组织结构和工作流程的变革、调整或者引入新技术以后，原有的工作说明书与实际情况就会出现偏差，此时，就需要重新对岗位进行工作分析。

3. 人力资源管理的各项工作缺乏科学依据

工作分析是科学人力资源管理体系的基石和信息平台，工作分析结果在人力资源管理各项工作中发挥着不可或缺的作用。然而，当某个时候企业需要招聘某个职位的新员工时，发现很难确定用人标准；当需要对员工绩效进行考核时，发现没有依据岗位信息确定的考核标准；当需要建立新的薪酬体系时，发现无法对各个职位的价值进行准确的评估。这时，就需要进行工作分析。

（二）工作分析信息的来源

在进行工作分析时，需要搜集大量的信息。工作分析者要明确工作的实际职责并收集各种类型的资料。以下方面需要特别注意。

工作活动、面向员工的活动、机器类型、工具、设备和辅助工作，这些信息很重要，可以用来确定员工所需要的工作技能。

工作分析者还应该注意与工作相关的有形和无形的信息，诸如所要的知识、所要加工的材料、所要生产的产品、所要提供的服务等。

工作分析体系还要明确工作标准。例如，在确定完成一项任务所需时间时，就需要进行工作计量研究。

对于工作内容，分析者要研究的是工作任务时间安排、物质和非物质形式的激励手段，以及工作条件。

由于一项工作的完成常常与其他内、外环境因素有关，因此还得注意组织及社会环境。此外，还要确认与工作相关的具体学历、培训以及工作经验等要求。

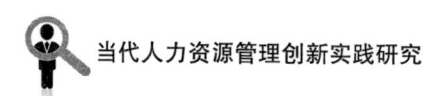

工作分析的信息类型和内容，如表 2-3 所示。

表 2-3　工作分析的信息类型和内容

1. 工作活动	（1）工作任务的描述； （2）与其他工作和设备的关系； （3）进行工作的程序； （4）承担这项工作所需要的行为； （5）动作与工作的要求
2. 工作中使用的机器、工具、设备和辅助设施	（1）使用的机器、工具、设备和辅助设施的清单； （2）应用上述各项加工处理的材料； （3）应用上述各项生产的产品； （4）应用上述各项完成的服务
3. 工作条件	（1）工作环境； （2）组织的各项有关情况； （3）社会背景； （4）工作进度安排； （5）激励（物质和非物质的）
4. 工作衡量标准	（1）劳动行为规范； （2）工艺操作规范； （3）安全操作规范； （4）劳动定额标准； （5）工作质量要求
5. 对员工的任职要求	（1）与工作有关的特征要求； （2）特定的技能； （3）特定的教育和训练背景； （4）与工作相关的工作经验； （5）身体特征； （6）工作态度

那么，我们从哪里来获得上述这些信息呢？一般而言，可以从以下几个途径获得信息。

①书面资料。一般组织里都会有关于现任职位的资料记录,这些资料对于工作分析非常有用,例如,组织中现有的职位职责、供招聘用的广告等。

②任职者报告。我们可以通过访谈的方式,要求任职者对自己所做的工作进行描述,从而获得工作分析的第一手资料。当然,这种方法很难保证关于该岗位工作的方方面面都在访谈中涉及,而且任职者所提供的信息难免会掺杂主观印象,导致收集的信息准确度降低。

另外一种方式是要求任职者撰写工作日志和记录。由于工作日志和记录是在工作的履行过程中完成的,所以相对而言,可以避免由主观性和记忆偏差造成的失误。不过,这种方法的弊端是过于费时,耗费了任职者大量的时间和精力。

③同事的报告。除了直接从任职者那里获得有关信息外,我们也可以从任职者的上级、下属等处获得岗位的相关信息。同事的报告可以提供对比依据,弥补仅从任职者处所得资料的空缺。

④直接观察。有一种途径是直接到工作现场对任职者的工作进行观察。尽管工作分析人员出现在任职者的工作现场会对任职者的工作造成一定的影响,但这种方法的确能够提供其他方法所不能提供的信息。

除此之外,工作分析的资料还可以来自顾客和用户。由此可见,工作分析的信息来源多种多样,而作为工作分析人员,我们应该尽可能地寻求最可靠、全面的信息来源,以避免信息失真。

(三)工作分析信息的收集者

工作分析过程是一个信息分析过程,如何收集信息、处理信息、分析信息就成了工作分析的重中之重。首先,我们需要确定由谁去对岗位信息进行收集。一般而言,由工作分析专家、工作任职者和工作任职者的上级主管进行岗位信息收集。

1. 工作分析专家

工作分析专家可以来自组织内部,通常是人力资源管理部门或业务流程研究部门,也可以来自组织外部的专业机构。无论是来自组织内部还是组织外部,这些工作分析专家都有一个共同的特点,那就是他们都富有专业知识,受过专门的训练,能够根据具体条件和需要,尽可能全面、系统地收集和处理工作信息。

对于一个组织而言,支付一定的费用聘请训练有素的专业人员来进行工作分

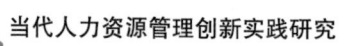

析，最大的好处就是专业人员所搜集的信息和得到的最终的工作分析结果更加客观、公正、有效。

2. 工作任职者

通常来说，工作任职者是最了解本职工作内容及要点的，他们能够提供最为真实可靠的岗位信息。并且关键在于他们能够描述实际工作是怎样做的，而不是工作应该如何完成。

在利用工作任职者收集岗位信息时，我们应该注意以下问题。

第一，工作任职者不一定愿意报告其工作的真实内容，所以，我们应该采取一定的激励手段来提高他们的参与度。

第二，工作任职者必须在要分析的岗位上工作6个月以上，这样他们才有可能提供相对全面而准确的岗位信息。

第三，工作任职者需要接受关于工作分析方法的培训，同时必须具有较好的口头交流、阅读和书面表达能力。

第四，部分工作任职者由于种种原因，会故意强调和夸大自己工作的强度和重要性，以谋取实际的物质利益，这一点要引起工作分析小组的重视。

当某个职位上的工作任职者的数量较少时，就应该利用所有符合要求的任职者收集信息。而当某个职位上的工作任职者数量较多时，则需要对符合要求的工作任职者进行取样，取样时应该充分考虑任职者的性别、年龄、工作时间、工作地点等方面的综合因素，以保证样本具有代表性。

3. 工作任职者的上级主管

上级主管有权监控任职者所从事的工作，所以利用任职者的上级主管收集工作信息的前提是他们在工作中有密切的关联。上级主管之所以能够提供关于其下属工作的全面信息，是因为他们很清楚下属在做什么，并且能够对下属的工作活动做出相应的判断。然而，与任职者本身相反，任职者的上级主管往往倾向于从任职者"应该"怎么做的角度，而不是任职者"实际"怎么做的角度去描述任职者的工作。

所以，通常来讲，任职者的上级主管并不被作为工作信息的主要收集者，而是对已经收集到的工作信息进行查验和证明。

选择哪一类或者哪几类人员来实施工作分析，要视具体情况而定，没有固定的要求。

（四）工作分析的基本流程

工作分析的流程一般包括 5 个阶段（见图 2-2），具体内容如下：

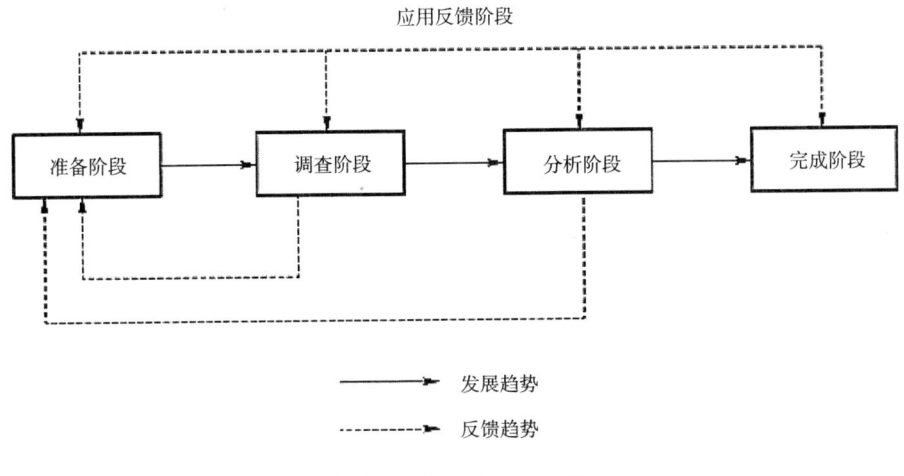

图 2-2 工作分析流程图

1. 准备阶段

（1）组织诊断并成立工作分析小组

诊断是指在对现有的组织文化、结构和工作职位等进行综合考核与评估的基础上，确定是否需要进行变革的活动。高层管理者、工作分析专家、各级主管、在岗人员等组成工作分析小组。

（2）确定工作分析的目标与重点

不同工作的目标和重点不同，收集的信息也不同。如招聘工作的重点是了解任职者的能力、人格、性格、知识、经验等方面，而薪酬体系工作的重点在于描述和定量信息，并进行量化评估。

（3）制定总体实施方案

总体实施方案主要包括工作分析的目的和意义、需要收集的信息内容、项目的组织形式与实施者、实施的过程与步骤、时间、所需资料、工作分析的结果、工作进度、经费预算等方面。

（4）收集分析有关的背景资料

外部行业信息可依据我国于 1999 年颁布的《中华人民共和国职业分类大典》（以下简称《大典》），《大典》将职业划分为 8 个大类，66 个中类，413 个小类，1838 个细类；2007 年增补本，收录了 31 个新职业，主要是现代服务业、制

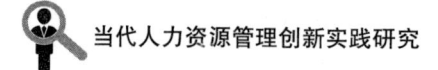

造业等领域的新职业。内部企业信息主要包括组织结构图、工作流程图、部门的职能说明、已有的工作描述和工作规范等资料。

（5）确定典型岗位和要收集的工作信息（相关信息包括6W1H）

Who：谁来完成这些工作？

What：这一职位具体的工作内容是什么？

When：工作的时间安排是怎样的？

Where：这些工作在哪里进行？

Why：从事这些工作的目的是什么？

For whom：这些工作的服务对象是谁？

How：如何进行这些工作？

（6）选择信息分析的方法

用于搜集信息的工作分析方法主要包括一些定性的通用方法，如现场观察法、面谈法、非定量问卷调查法、工作实践法、工作日志法、抽样调查法和关键事件法等。

2. 调查阶段

调查阶段包含四个方面的内容：

第一，与参与工作分析的有关人员沟通，建立良好的人际关系。

第二，编制调查提纲和调查问卷。

第三，收集有关工作的数据及信息，如岗位名称、岗位劳动责任、岗位劳动环境、岗位劳动强度等。

第四，收集工作人员的信息，如知识、经验、素质、技能等。

3. 分析阶段

分析阶段的主要工作：

第一，整理、审查资料。

第二，创造性地分析和发现有关工作和任职人员的关键成分。

第三，归纳和总结工作分析的必需资料与要素。

具体操作过程中需要遵循的原则：

第一，对工作活动是分析而不是罗列。如转接电话（职责），分析后为"按照公司的要求接听电话，并迅速转接到相应的人员那里"，而不是简单地罗列"听到电话铃响后，拿起电话，放到耳边，说出公司的名字，然后询问对方的要求，再按下转接键，转接到相应的人员那里"。

第二，分析针对的是职位而不是人。分析侧重于职位，仅仅涉及员工的基本情况。

第三，分析要以当前的工作为依据。

4. 完成阶段

这一阶段主要完成以下工作：

第一，与有关人员审核，确认信息。

第二，编写工作说明书（工作描述、工作规范）。

第三，总结工作，对工作分析过程中的问题和经验进行总结。

5. 应用反馈阶段

以工作说明书为指导，进行招聘、培训、绩效考核等人力资源管理实践，并依据反馈进行修正和总结经验。

第三章 人才选拔与培训创新

本章为人才选拔与培训创新,第一节为人力资源招聘概述,第二节介绍人才选拔的方法与录用原则,第三节是对培训与开发的概述,第四节讨论人才培训的实施与方法创新。

第一节 人力资源招聘概述

一、人力资源招聘的含义、意义及影响因素

(一)人力资源招聘的含义

人力资源招聘是建立在两项工作基础之上的。一是组织的人力资源规划;二是工作分析。人力资源规划确定了组织招聘职位的类型和数量,而工作分析使管理者了解什么样的人应该被招聘进来填补这些空缺。这两项工作使招聘建立在比较科学的基础上。

人力资源招聘,简称"招聘",是"招募"与"聘用"的总称,是指在组织的总体发展战略规划的指导下,根据人力资源规划和工作分析对人力资源的数量与质量要求,制订相应的职位空缺计划,并通过信息发布和科学甄选,获得所需合格人员,以填补职位空缺的过程。招募与聘用之间夹着甄选。

(二)人力资源招聘的意义

人力资源招聘在人力资源管理中占据十分重要的位置,它的意义具体表现在以下几个方面。

1. 补充人力资源

组织的人力资源状况处于变化之中,组织内人力资源向社会的流动、组织内部的人事变动(如升迁、降职、退休、解雇、死亡、离职等)等多种因素,导致

了组织人员的变动。同时，组织有自己的发展目标与规划，组织的成长过程也是人力资源拥有量的扩张过程。上述情况意味着组织的人力资源总是处于稀缺状态，需要经常补充。因此，通过市场获取所需人力资源成为组织的一项经常性任务，人力资源招聘也就成了组织补充人员的基本途径。

2. 创造竞争优势

现在的市场竞争归根结底是人才的竞争。一个组织拥有什么样的人力资源，就在一定意义上决定了它在激烈的市场竞争中处于何种地位，比如，是立于不败之地，还是最终面临被淘汰的命运。而对人才的获取是通过人才招聘这一环节来实现的。因此，招聘工作能否有效地完成，对提高组织的竞争力、绩效及实现发展目标均有至关重要的影响。从这个角度说，人力资源招聘是组织创造竞争优势的基础环节。对于获取某些组织急需的紧缺人才来说，招聘具有特殊的意义。

3. 助力组织形象传播

研究结果显示，招聘工作的质量会明显影响应聘者对组织的看法。许多经验表明，人力资源招聘既是吸引、招募人才的过程，又是向外界宣传组织形象、扩大组织影响力和知名度的一个窗口。应聘者可以通过招聘来了解组织的结构、经营理念、管理特色、文化等方面。尽管人力资源招聘不是以组织形象传播为目的的，但招聘过程客观上具有这样的功能，这是组织不可忽视的一个方面。

4. 促进组织文化的建设

招聘过程中信息传递的真实与否，直接影响着应聘者进入组织以后的流动性。有效的招聘能使组织得到所需人员，同时也为人员的保持打下基础，有助于减少由于人员流动过于频繁而带来的损失，并有助于营造组织内的良好气氛，如能增强组织的凝聚力，提高士气，增强员工对组织的忠诚度等。

（三）人力资源招聘的影响因素

招聘活动的实施往往受到多种因素的影响，为了保证招聘工作的效果，在规划招聘活动之前，应对这些因素进行综合分析。归纳起来，影响招聘活动的因素主要有外部影响因素和内部影响因素两大类。

1. 外部影响因素

（1）国家的法律法规

国家和地方的有关法律、法规和政策，是约束组织招聘行为的重要因素，从客观上界定了组织招聘活动的外部边界。例如，西方国家的法律规定，组织的招

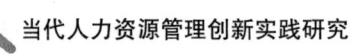

聘信息中不能涉及性别、种族和年龄等特殊方面，除非证明这些是职位所必需的。我国在人力资源方面的法律体系亦逐渐健全。1994年通过的《中华人民共和国劳动法》是我国劳动立法史上的一个里程碑。以《中华人民共和国劳动法》为准绳，我国已经颁布了一些与招聘有关的法律、法规、条例、规定和政策，包括《女职工禁忌劳动范围的规定》《就业服务与就业管理规定》《未成年工特殊保护规定》等。

（2）劳动力市场

由于招聘特别是外部招聘，主要是在外部劳动力市场进行的，因此市场的供求状况会影响招聘的效果，当劳动力市场的供给小于需求时，组织吸引人员就会比较困难；相反，当劳动力市场的供给大于需求时，组织吸引人员就会比较容易。在分析外部劳动力市场的影响时，一般要针对具体的职位层次或职位类别来进行分析。例如，当技术工人的市场比较紧张时，组织招聘这类人员就比较困难，往往要投入大量的人力、物力。

（3）竞争对手

在招聘活动中，竞争对手也是非常重要的一个影响因素。应聘者往往是在进行组织之间的比较之后才做出决策的，如果组织的招聘政策和竞争对手存在差距，那么就会影响组织的吸引力，从而降低招聘的效果。因此，在招聘过程中，取得比较优势是非常重要的。

2. 内部影响因素

（1）职位性质

空缺职位的性质决定了招聘什么样的人以及到哪个相关劳动力市场进行招聘，因此它是整个招聘的灵魂。另外，应聘者还可以通过职位性质了解该职位的基本情况和任职资格，以便进行求职决策。

（2）组织形象

一般来说，组织在社会中的形象越好，越有利于招聘活动。良好的组织形象会对应聘者产生积极的影响，引起应聘者对组织空缺职位的兴趣，从而有助于提高招聘的效果。如海尔集团、联想集团等一些形象良好的企业，往往是大学生毕业后择业的首选。而组织的形象又取决于多种因素，如组织的发展趋势、薪酬待遇、工作机会以及组织文化等。

（3）招聘预算

由于招聘活动必须支出一定的资金，因此组织的招聘预算对招聘活动有着重要的影响。充足的招聘资金可以使组织选择更多的招聘方法，扩大招聘的范围，如可以花大量的费用来进行广告宣传，选择的媒体也可以是影响力比较大的；相反，有限的招聘资金会使组织进行招聘时的选择大大减少，这会对招聘效果产生不利的影响。

（4）招聘政策

组织的相关政策对招聘活动有直接的影响，组织在进行招聘时一般有内部招聘和外部招聘两个渠道，至于选择哪个渠道来填补空缺职位，往往取决于组织的政策。有些组织可能倾向于外部招聘，而有些组织则倾向于内部招聘。在外部招聘中，有些组织倾向于在学校进行招聘，而有些组织更倾向于在社会上进行招聘。

二、招聘的制约因素

招聘的成功取决于多种因素，如外部影响、企事业职务的要求、应聘者个人的资质与偏好等。许多外部因素对企事业招聘决策有一定的影响。外部因素主要可以分为两类，一是经济条件，二是政府管理与法律监控。许多经济因素影响着招聘决策，这些因素包括人口和劳动力、劳动力市场条件、产品和服务市场条件。

三、招聘过程的重要性

招聘过程的第一步是确定与组织人力资源供给相关的劳动力市场。第二步是以此为对象开展征召活动。对组织的征召活动做出积极反应的人就成为工作申请人。第三步是组织对工作申请人进行挑选，由此产生录用的员工。再经过组织在人力资源管理方面对员工的保持工作，那些持续在组织服务的员工就成为组织的长期雇员。

征召环节在整个招聘过程中具有重要地位，招聘工作实际上决定着组织今后的发展与成长。即使组织的员工选拔技术和日后的员工保持计划十分有效，但是如果在征召环节上没有吸引到足够数量的合格申请人，那么这些选拔技术和保持计划就不会发生作用。因此我们一定要记住，招聘的成效是申请人的数量、申请人的质量、组织的遴选技术和员工保持政策共同作用的结果。

四、招聘人的选择

组织在进行招聘过程中，工作申请人是与组织的招聘组成员接触而不是与组织接触，而且招聘活动是工作申请人与组织的第一次接触，在对组织的特征了解甚少的情况下，申请人会根据组织在招聘活动中的表现来推断组织其他方面的情况。因此，如何使申请人选择本组织是一项非常关键的人力资源管理决策。

一般来说，招聘组成员除了包括组织人力资源部门的代表以外，还可以包括直线经理人等。申请人会将招聘组作为组织的一个窗口，由此判断组织的特征。因此，招聘组成员的表现将直接影响申请人是否愿意接受组织提供的工作岗位。那么，这些"窗口人员"什么样的表现能够增加申请人的求职意愿呢？有研究显示，招聘人员的个人风度是否优雅、知识是否丰富、办事作风是否干练等因素都直接影响着申请人对组织的感受和评价。

五、招聘收益金字塔

应征者从获得企业的应征信函开始，经过笔试、面试等各个筛选环节，最后才能决定是否被正式录用或试用。在这一过程中，应征者的人数变得越来越少，就像金字塔一样。这里所谓的招聘收益指的是经过招聘过程中的各个环节筛选后留下的应征者的数量，留下的数量大，招聘收益就大；反之，招聘的收益就小。企业中的工作岗位可以分为多种，在招聘过程中针对每种岗位空缺所需要付出的努力程度是有差别的。为招聘到某种岗位上足够数量的合格员工应该付出多少努力，可以根据过去的经验数据来确定，招聘收益金字塔就是这样一种经验分析工具。

假设根据企业过去的经验，每成功录用1名销售人员，需要对5个候选人进行试用，而要挑选到5个理想的候选人，又需要有15人来参加招聘测试并进入面谈筛选程序，而挑选出15名合格的测试和筛选对象，又需要有20人提出求职申请。那么，如果现在企业想最终招聘到10名合格的销售人员，就需要有至少200人递交求职信和个人简历，而且企业发出的招聘信息必须有比200更多的人能够接收到。由此可见，利用招聘收益金字塔可以帮助企业的人力资源部门对招聘的宣传计划和实施过程进行准确的估计与有效的设计，可以帮助企业确定为了招聘到足够数量的合格员工需要吸引多少应征者。

在确定工作申请资格时，组织有不同的策略可以选择。一种策略是把申请资格标准设定得比较高，这样符合标准的申请人就会比较少，组织需要花费比较多的时间和金钱来仔细挑选员工；另一种策略是把申请资格标准设定得比较低，这样符合标准的申请人就会比较多，这时组织有比较充分的选择余地，招聘的成本会比较低。一般而言，如果组织招聘的工作岗位对于组织而言至关重要，那么员工质量是第一位的，就应该采取第一种策略；如果劳动力市场供给形势比较紧张，组织也缺乏足够的招聘费用，同时招聘的工作岗位对于组织不是十分重要，那么就应该采取第二种策略。

在招募新员工时，组织面临的问题是如何在众多的工作申请人中挑选出合格的、有工作热情的应征者。在我国现阶段，就业形势严峻、劳动力过剩将是长期存在的现象。那些经营业绩出色的大公司，在招聘中面对的将是申请人众多的情况。组织的招聘是一个过滤器，它决定着什么样的员工能成为组织的一员。理想的录用过程的一个重要特征是被录用的人数相对于最初申请人数要少得多。这种大浪淘沙式的录用可以保证录用到能力比较强的员工，而且能力强的员工在接受培训后的生产率提高幅度较大。

第二节 人才选拔的方法与录用原则

一、人员测评与选拔的主要方法

（一）笔试

笔试是一种与面试相对应的测试，是考核应试者学识水平的重要工具。这种方法可以有效地测评应试者的基本知识、专业知识、管理知识、综合分析能力和文字表达能力等知识及能力的差异。

1. 笔试试题编制原则

在编制笔试试题时，应遵循一定的原则，这样才能确保笔试试题达到预期的选拔效果。

第一，符合目标原则。即明确知识考试的目标是什么，并且在设计试卷时要从头到尾根据目标设计，这样才能确保所设计的题目不会偏离所要测试的目标。

第二，综合运用原则。即各种知识考试类型可以综合起来运用。比如，在一张试卷上既可以有百科知识的内容，又可以有专业知识的内容，还可以有与工作相关知识的内容。

第三，重视运用原则。要与所招聘的岗位职责要求相结合，体现空缺职位的工作特点和特殊要求，充分重视知识在工作中的实际运用能力，要尽量多用案例以及讨论等方式。

第四，难易适中原则。招聘测试不同于一般水平的测试，它是一种从中择优

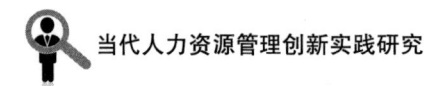

的工作，具有排斥性，命题过难或者过易都不利于择优。过难或过易的题目设计均不利于拉开优秀者和一般人员的差距。

2. 笔试实施程序

笔试的实施程序大致可以分为六个步骤，从成立笔试测评委员会到组织笔试，再到最后得出笔试筛选结果，是一个系统的过程。

（1）成立笔试测评委员会

为了体现整个笔试测评过程的科学有效，企业应成立专业的笔试测评委员会，负责整个笔试过程的组织和实施。

（2）讨论确定笔试规则、流程、技术并公布

笔试测评委员会成立以后，应该根据企业需要，确定笔试的一些规则、流程以及技术，如确定考试性质、考试要求、测评内容、测试题型、笔试具体实施程序、测评形式、计分标准等。

（3）命题

命题环节是十分重要的，它关系到笔试的有效性，决定了企业是否能够利用这个测评去达到初步筛选人员的目的。

（4）笔试实施

设计好题目并通知应试者来参加考试之后，就可以组织实施笔试。这一阶段主要进行考场的安排和布置、考场规则和监考规则的制定、考务人员的培训、应试者的组织引导、试卷保管等。

（5）评卷

笔试测评委员会应该组织有关专家对笔试的试卷进行评阅，在评阅之前要对专家进行必要的培训，使其全面、深刻地了解企业的需要，合理、有效地利用参考答案，做到评阅的客观公正、标准统一。

（6）公布笔试成绩

企业应在笔试完成后一定的时间内组织好评阅工作，并按照规定的时间及时向社会公布笔试成绩。

3. 笔试试题的编制

试题的编制是笔试的核心环节，试题质量的好坏关系到能否有效地利用笔试进行人员筛选工作，真正地把合格、优秀的人员选拔到组织内。根据不同的划分标准，笔试试题可以分为不同的类型，按照应试者作答的内容可以分为主观性试题和客观性试题。

4. 笔试的组织和实施

在试题编制等工作完成之后，就可以组织和实施笔试了，在实际工作中这两个程序也可以同时进行。笔试的组织和实施一般需要成立专门的笔试工作小组，有计划、有步骤地开展。

（1）做好试卷的保密工作

为了确保选拔的公平性，试题编制完毕并且印刷好后要进行密封，并且由专门的人员对试卷保管工作负责。

（2）制定笔试实施方案

笔试实施方案包括笔试目标、参加人员资格要求、笔试成绩使用、考试科目和内容、笔试时间地点安排、考试注意事项、考试违纪处理、考场监考条例等。

（3）考场管理

在明确考场要求和纪律的情况下，由监考人员进行考场管理，笔试工作小组要对监考人员进行简单的培训，以确保笔试工作的顺利进行。

（二）心理测验技术

心理测验是根据一定的法则和心理学原理，使用一定的操作程序对人的认知、行为、情感的心理活动予以量化。根据心理测验技术在人才评价中的应用，心理测验主要包括智力测验、职业兴趣测验、能力倾向测验。

1. 智力测验

智力测验是指对人们的感觉与思维能力，包括记忆、推理、观点表达能力等方面的测验。企业在招聘时最常用的测验是集体测验。测验内容不多，所花时间少，可以对众多的人进行测验。但是在挑选高级人才时，一般采用个人测验。

2. 职业兴趣测验

职业兴趣测验是心理测试的一种，它可以测试出一个人最感兴趣的，并且最可能获得满足感的工作是什么，以此来了解一个人的兴趣方向以及兴趣序列。

3. 能力倾向测验

能力倾向测验是一种高度标准化的素质测评方法，由智力测验发展而来，用于了解特殊能力差异，并且对今后工作绩效具有预测性。能力倾向测验按内容分为一般能力倾向测验、特殊职业能力测验、创造力测验和心理运动机能测验等。

（三）评价中心技术

1. 评价中心技术概述

（1）评价中心技术的定义

评价中心技术是进行现代人员素质测评的一种重要方式，主要用于对中高级管理人员的测评。它从多个角度对个体进行标准化评估，使用多种测评技术，通过多名评价者对人体在特定的测评情境表现出的行为做出判断，然后将所有评价者的意见通过讨论或统计的方法进行汇总，从而得出对个体的综合评估。

（2）测评原理

评价中心技术应用现代心理学、管理学、计算机科学等相关学科的研究成果，通过心理测验和情境测验对人员进行测评，并根据工作岗位要求及企业组织特性对人员进行评价，从而实现对人的个性、动机和能力等方面较为准确的把握，做到人事匹配，确保人员达到最佳工作绩效。

（3）主要特点

评价中心技术最大的特点是情境模拟性，此外还有技术运用综合性、评价过程动态性及测评内容的全面性等。

（4）优缺点

评价中心技术具有较高的信度和效度，得出的结论预测性较高，相对比较公平和公正，但与其他测评方法相比，评价中心技术组织过程复杂，需投入很大的人力、物力，且持续时间较长、操作难度大，对施测者的要求很高。

2. 评价中心技术的主要工具

（1）无领导小组讨论

①无领导小组讨论的概念：无领导小组讨论是由一组一定数量的应聘者（最佳为5—8人）组成一个临时工作小组，在既定的背景下围绕给定的问题展开讨论，持续1小时左右。由一组评价者对他们在讨论过程中的言语和非言语行为表现进行观察和评价，评价者不参与讨论的过程。

②无领导小组讨论的评价要素：无领导小组讨论的目的主要是考察应聘者的组织协调能力、领导能力、人际交往能力、想象能力、对资料的利用能力、辩论说服力，同时也考察应聘者的自信心、进取心、责任感、灵活性以及团队精神。

③无领导小组讨论的试题设计：试题设计需要遵循的原则有角色平等性原则、难易相当原则及可讨论性原则。题目类型主要有开放式问题、两难问题、多项选择问题、操作性问题及资源争夺问题。

④无领导小组讨论的实施与操作步骤：无领导小组讨论一般安排30—60分钟，主要有以下四步：

第一步：准备阶段。

A.安排场所和时间。场地一般选取环境较为宽松的小会议室，以圆桌为最佳，U形桌亦可，不可用方桌，椅子呈环绕型均匀摆在桌子周围。应聘者一般以半圆形围坐或者U形围坐，供面试官观察。面试官和应聘者应该保持一定的距离，以减轻应聘者的心理压力。

B.准备讨论题目。按照企业对应聘者的能力素质要求，制定测评要素和评分表，选择合适的题目。

C.培训面试官。就操作流程、评价方法、测评要素、计分项、计分规则、总结报告等内容对面试官进行培训，通过讲授和分组演练的形式保证面试官在实施流程和评价标准上达成最大限度的一致。

D.其他设备和材料。准备白纸、笔、观察记录表、测评表、秒表等设备和材料。

E.安排应聘者。分组方法：对所有应聘者进行分组，每组人数一般控制在5—8人。分组原则：根据院校、籍贯、工作经历按性别比例抽取候选人成组，尽量避免将相识的应聘者分配在一组。通知应聘者：一切准备就绪后，通知应聘者面试时间和地点。

第二步：具体实施阶段。

实施过程主要分为五个阶段。第一阶段：面试官宣读规则和时间安排。第二阶段：面试官将题目发给各组，让应聘者自己阅读题目、独立思考、列出发言提纲，一般规定为5分钟左右。第三阶段：应聘者轮流发言阐述自己的观点。第四阶段：应聘者自由发言，不但阐述自己的观点，而且要对别人的观点提出意见，最后达成一致意见。第五阶段：每组选派一名代表做总结发言，可以适当补充组员。每个阶段都要限制好时间。

第三步：评价阶段。

至少要有2个评价者，评价者相互检查评价结果，各面试官成绩经过加权平均后，为应聘者最终成绩；评价者应对照计分表所列条目，仔细观察应聘者的各项表现；评价者对应聘者不能带有民族、种族、性别、年龄、资历等方面的成见；评价者对应聘者的评价必须客观、公正，以事实为依据。

第四步：总结阶段。

在进行无领导小组讨论后，所有考官都要撰写评定报告，内容包括此次讨论的整体情况、所问的问题内容等，主要说明每个应聘者的具体表现、自己的建议，以及最终录用意见等。

（2）公文筐测验

①公文筐测验概述：公文筐测验是一种模拟管理者文件处理工作的活动，是评价中心中运用最多，也是最重要的测量方法之一。在模拟活动前，评价机构要事先编制好评分标准，并结合评价目的准备要处理的公文。

②公文筐测验的操作与实施：公文筐测验的操作实施包括评价前的准备阶段、开始阶段、正式测评阶段和评价阶段，各个阶段都有一些特定的要求，任何环节出了问题，其他环节都难以弥补。

第一步：测评前的准备阶段。

首先，要有清楚、详细的指导语。指导语应说明被试者在公文筐测验中的任务与有关要求，文字应该通俗易懂，以保证每个被试者都能够准确无误地理解测验要求。

其次，准备好测验材料。测验材料包括两类，即提供给被试者的背景材料和待处理的各种测验资料。

再次，准备好答题纸。答题纸专供被试者对材料写处理意见或回答指定的问题，是被试者唯一能够书写答案的地方，评分时只对答题纸上的内容进行评分。

此外，要事先编制好评分标准。根据各测验要素的定义，结合具体的测验试题，给出各要素的评分标准，必要时可以给出好、中、差三种情况的作答特征描述。

最后，要事先安排一个尽可能与真实情境相似的环境。

第二步：开始阶段。

在公文筐测验正式实施前，主考官要把测验指导语从头到尾念一遍，并对测验要求做简要介绍，同时强调有关注意事项。

第三步：正式测评阶段。

这一阶段通常需要 1—3 小时。为了保证公平性，在正式测评前，被试者不得翻看测验材料。

第四步：评价阶段。

测试结束以后，主考官要对被试者的作答立即进行粗略的评价，只有这样，当主考官感到被试者的回答模糊不清时,才可以对被试者当面进行提问,在此时并不获取新的信息。

二、人员录用的原则和程序

在进行完筛选这一重要环节后,接下来就是招聘的最后一个环节——人员录用。筛选是人员录用的前提和依据,人员录用是筛选的直接结果。

录用主要以工作说明书为依据,并随招聘情况的不同而变动,是人与职位的匹配过程。录用决策的依据主要有职位需要、人员素质及组织与人员的双向选择。

(一)人员录用的原则

1. 公开原则

把招考单位、招考的职位种类和数量、招考条件、考试的方法、科目和时间,均面向社会公布。

2. 平等原则

对待所有报考者,应当一视同仁,不得人为地设置各种不平等的限制条件,应努力为有识之士提供平等的竞争机会。

3. 竞争原则

通过竞争和考核,确定优劣。

4. 全面原则

录用前应兼顾德、智、体诸方面,对被试者的知识、能力、思想、品德进行全面考核,这是因为劳动者的素质,不仅取决于文化程度,还取决于能力、人格、思想等方面。

5. 择优原则

择优是广揽人才、择贤任能,为各个岗位选择优秀工作人员的过程。因此,要对应聘者进行深入了解、全面考核、认真比较、谨慎筛选。要做到"择优",就必须依法办事,用纪律约束所有人,特别是有关领导必须注意这一点。

6. 量才原则

招聘录用时,必须考虑有关人选的专长,量才录用,做到"人尽其才""用其所长"。

（二）人员录用的程序

1. 背景调查

背景调查的主要目的是了解应聘者与工作有关的一些背景信息，也可以对其诚实性进行考查。调查的主要内容包括学历学位、工作经历、不良记录等。这些信息可以从网络资格查询中心、原雇主与同事、客户、其他知情人等处获知。

调查时，应尽量从不同渠道验证信息，避免出现错误；注意避免侵犯个人隐私，要做好保密工作。

2. 健康检查

企业对拟录用者需进行一系列的身体健康检查，如发现有严重疾病，可以取消录用资格。

3. 签订劳动合同与辞谢

企业应与被录用者签订劳动合同，以法律的形式明确双方的权利与义务。同时，企业也应当及时通知未被录用的应聘者，感谢他们对公司的关注和配合。

4. 人员报到

被录用的人员应携带录用通知书和其他材料，在规定的时间到人力资源部门注册报到。

第三节　培训与开发

培训与开发一方面可以提高员工的知识技能，另一方面可以使员工认可和接受企业的文化和价值观，提升员工的素质并吸引保留优秀员工，增强企业凝聚力和竞争力。在纷繁复杂、不断变化的市场竞争环境下，企业要想立于不败之地，就必须持续扩充人力资本，因而准确地理解培训与开发的意义是很有必要的。

一、培训与开发的概念

当代人力资源管理的目的就是最大限度地发挥员工能力，提高组织绩效。在人力资源管理理论中，培训与开发是两个既有区别又有联系的概念。

（一）基本概念

培训与开发是指为了使员工获得或改进与工作有关的知识和技能，为了有效提高员工的工作绩效，促使员工为实现企业战略目标做出贡献，组织所做的有计划的、系统的各种工作。

（二）培训与开发的历史沿革

虽然有人认为培训与开发是新兴领域，但在实践中，人类组织培训与开发的历史源远流长，可以追溯到18世纪。培训与开发的发展主要经历了以下几个阶段。

1. 早期的学徒培训

在手工业时代，培训与开发主要是一对一的师父带徒弟模式。

2. 早期的职业教育

1809年，美国人戴维德·克林顿建立了第一所私人职业技术学校，使培训与开发进入学校阶段，预示培训进入专门化和正规化的阶段。

3. 工厂学校的出现

新机器和新技术的广泛应用，使培训需求大幅度增加。1872年，美国印刷机制造商 Hoe&Company 公司开办了第一所有文字记载的工厂学校，学校要求工人在短期内掌握特定工作所需要的技术。随后福特汽车公司的各个工厂都尝试自行建立培训机构，即工厂学校。1917年美国通过了史密斯－休斯法案，规定由政府拨款，在中学开设职业教育课程，这标志着职业教育体系开始形成。

4. 培训职业的创建与专业培训师的产生

第二次世界大战时期，美国政府建立了行业内部培训服务机构来组织和协调培训计划的实施。1944年，美国培训与发展协会成立，为培训行业建立了标准，之后有了专业培训人员，培训成为一种职业。

5. 人力资源开发领域的蓬勃发展

20世纪六七十年代，培训的主要功能是提供有关知识和技术、人际交往等方面的辅导和咨询服务。随着企业商学院、企业大学的成立和发展，自20世纪80年代以来，培训成为人力资源开发的重要组成部分。

二、培训与开发人员及其组织结构

人力资源开发人员的素质不仅关系其自身发展，而且也关系着整个企业人力资源开发工作的质量。不同企业的人力资源开发部门的组织结构存在较大差异，因此有必要了解培训与开发人员及其组织结构的相关内容。

（一）专业培训与开发人员和组织的诞生

1944年成立的美国培训与发展协会，是全球最大的培训与发展行业的专业协会，是非营利性的专业组织，定期发表行业研究报告，颁发专业资格证书，举办年会以及各种培训活动。

（二）培训与开发人员的资格认证

人力资源开发人员的认证主要由社会统一资格认证体系和组织内部资格认证体系进行。目前统一采用人力资源专业人员资格证书以及由美国人力资源协会注册的高级人力资源师和人力资源师证书。

（三）培训与开发的组织结构

企业的规模不同，其培训与开发的组织结构也不同，主要模式有学院模式、客户模式、矩阵模式、企业大学模式、虚拟模式五种。以下简要介绍企业大学。

1. 企业大学的定义

企业大学又称公司大学，是指由企业出资，以企业高级管理人员、一流的商学院教授及专业培训师为师资，通过实战模拟、案例研讨、互动教学等实效性教育手段，培养企业内部中、高级管理人才和企业供销合作者，实现人们终身学习的一种新型教育、培训体系。

建立企业大学是构建学习型组织的有效手段，也是公司规模与实力的证明。早在1927年，通用汽车公司就创办了GM学院，通用电气公司于1956年建立的克劳顿培训中心（现称为领导力发展中心）标志着企业大学的正式诞生。

2. 企业大学的类型

（1）内向型企业大学

内向型企业大学是为构筑企业全员培训体系而设计的，培训对象主要由企业员工构成，不对外开放，如麦当劳大学、通用汽车的领导力发展中心等。

（2）外向型企业大学

外向型企业大学分为两类，一类是仅面向其供应链体系开放，将其供应商、分销商或客户纳入培训对象体系当中，主要目的是支持其业务发展，如爱立信学院；另一类是面向社会开放，主要目的是提升企业形象或实现经济效益，如惠普商学院。

三、培训与开发在人力资源管理中的地位

随着信息技术的发展，培训与开发在人力资源管理中的地位日益提升，这对培训与开发人员提出了更高的要求。同时，不同的企业战略和内在管理机制，也需要获得相应的培训与开发支持。

（一）培训与开发是人力资源管理的基本内容

1. 培训与开发是人力资源管理的基本职能

人力资源管理的基本职能包括获取、开发、使用、保留与发展，培训与开发是充分发挥人力资源管理职能必不可少的部分。

2. 培训与开发是员工个人发展的客观要求

接受教育与培训是每个社会成员的权利，尤其是在知识经济时代，知识更新速度加快，客观上要求员工必须不断接受教育和培训，无论从组织发展的角度，还是从员工个人发展的角度来看，员工必须获得足够的培训机会。

3. 培训与开发是国家和社会发展的客观需要

人力资源质量的提高对国家和社会经济的发展，以及国际竞争力的提升具有重要作用。世界各国都非常重视企业员工的培训问题，并制定了相关的法律和政策对企业员工培训工作加以规范，并对企业的培训与开发工作给予相关的支持和帮助。

4. 培训、开发与人力资源管理其他功能模块的关系

培训、开发与人力资源管理各个方面都相互联系，尤其是与人力资源规划、职位设计、绩效管理、甄选和配置等方面的联系更为紧密。对应聘者进行招聘和甄选后，便要对新员工进行入职培训，培训与开发是提升员工绩效的重要手段，职位分析是培训需求分析的基础，人力资源规划则决定培训与开发的阶段性与层次性。

（二）培训与开发在人力资源管理中的地位和作用的变迁

1. 员工培训与开发伴随着人力资源管理实践的产生而产生

培训与开发是人类社会发展的重要手段。通过培训而获得的知识增长和技能优化有助于提高劳动生产率。早在1911年，泰勒的《科学管理原理》就包括了培训与选拔的内容（按标准化作业培训工作人员并选拔合格者）。

2. 现代培训与开发逐渐成为人力资源管理的核心内容

在经济全球化的背景下，培训与开发已成为许多国际大企业投资的重点。据了解，美国工商企业每年用于职工培训的经费达数千亿美元，绝大多数企业为职工制订了培训计划，以满足工作的高质量要求。同时，社会挑战、技术革新使员工的技能要求和工作角色发生变化，使得员工需要不断更新专业知识和技能。

3. 培训与开发是构建学习型组织的基础

随着知识经济的迅速发展，21世纪最成功的企业是学习型组织。学习型企业收获的利润要大大多于非学习型企业。培训与开发作为构建学习型组织的基础，具有重要的地位。

（三）战略性人力资源管理的概念

战略性人力资源管理是指企业为实现目标所进行和所采取的一系列有计划、有战略意义的人力资源部署和管理行为。

四、培训与开发体系

培训与开发是一项系统的工作，一个有效的培训与开发体系可以运用各种培训方式和人力资源开发的技术、工具，把零散的培训资源有机、系统地整合在一起，从而保证培训与开发工作能持续、有计划地开展下去。

（一）培训与开发体系的定义

培训与开发体系是指一切和培训与开发有关的因素有序的组合，是企业内部培训资源的有机组合，是企业对员工实施培训的一个平台，主要由培训制度体系、培训资源体系、培训运作体系组成。

（二）培训与开发体系的构成

1. 培训制度体系

培训制度包括培训计划、工作流程、培训对象管理、讲师管理、权责分工、培训纪律、培训评估、培训档案管理等方面的制度。建立培训体系首先要建立培训制度、设计培训工作流程、制作相关表单、制订培训计划。培训制度的作用在于规范公司的培训活动，是保证培训工作顺利进行的制度依据。有效的培训制度应当建立在人力资源管理的基础上，与晋升考核等挂钩。

2.培训资源体系

培训资源体系主要包括培训课程、培训资产维护、师资力量开发、培训费用预算等方面。

3.培训运作体系

培训运作体系包括培训需求分析、培训计划制订、培训方案设计、培训课程开发、培训实施管控、培训效果评估等方面。

第四节 人才培训的实施与方法创新

一、人才培训与开发需求分析

（一）培训需求分析的含义

在企业中，培训需求分析是培训过程的开始，也是培训过程的重要环节。所谓需求，就是一个组织预估应该发生的事情和实际发生的事情之间的差距，这个差距我们称为"状态缺口"，这就形成了培训需求。

培训需求分析，就是判断是否需要培训，及组织培训内容的过程。培训需求分析对企业的培训工作至关重要，它是实施培训的前提条件，是培训工作实现准确性、及时性和有效性的重要保证。培训需求分析具有很强的指导性，它既是确定培训目标、设计培训计划的前提，也是进行培训评估的基础。

（二）培训需求分析的内容

确定进行培训需求分析并搜集到相关的资料后，就要从不同层次、不同对象、不同阶段对培训需求进行分析。

1.培训需求的层次分析

从企业组织层次的角度来看，培训需求应从组织、任务、人员三个层次进行分析。

（1）组织分析

培训需求的组织分析主要是通过对组织的目标、资源、特质、环境等因素进行分析，准确地找出组织存在的问题与问题产生的根源，并确定培训是否是解决这类问题的最有效方法。组织分析涉及影响培训规划的各个方面，包括对组织目标的检查、组织资源的评估、组织特征的分析等。组织分析的目的是在分析组织特征的基础上，确认绩效存在的问题及产生问题的原因，寻找可能解决的办法，为培训部门提供参考。

（2）任务分析

任务分析又称为工作岗位分析，主要是确定各个岗位的员工达到理想的工作业绩所必须掌握的技能。任务分析主要是对有关工作活动进行详细描述，包括对员工执行的任务的描述和完成任务所需要的知识、技术和能力的描述。人物分析，主要是研究怎样具体完成各自所承担的任务，即找出具体任职人的工作行为与期望的行为标准之间的差距，从而确定任职人需要接受的培训。任务分析（工作岗位分析）的结果是设计和编写相关课程的重要资料来源。

（3）员工分析

员工分析又称为个人层次分析，是指对员工的实际工作情况进行分析，员工分析的信息来源包括员工业绩考核记录、员工技能测试成绩，以及员工个人填写的培训需求调查问卷等。

2. 培训需求的对象分析

一般情况下，针对企业新招募的员工和针对老员工的培训需求是不一样的。因此，培训通常包括新员工培训和在职员工培训，培训需求的对象分析包括新员工培训需求分析和在职员工培训需求分析。

新员工培训需求的产生主要是由于新员工对企业文化、企业制度等不了解而不能快速融入企业，或者是对企业的工作岗位等不熟悉而不能很好地胜任新工作。对于新员工的培训需求分析，特别是对于从事基础性工作的新员工的培训需求分析，通常使用任务分析法来确定其在工作中需要掌握哪些技能。

在职员工培训需求主要是由于在职员工的技能不能满足工作需要而产生的，通常采用绩效分析法确定在职员工的培训需求。绩效分析方法的核心在于区分不能做和不愿意做的问题。首先，确定是否是不能做，如果是不能做，就要了解具体原因，如员工不知道要做什么或不知道标准是什么、缺少工具或原料、工作的辅助设备存在问题、人员选拔失误导致员工不具备工作所需技能、培训不够等。其次，确定是否是不愿意做，如果是不愿意做，就要改变员工的工作态度或对员工进行公司激励制度的培训。

另外，因为不同层次的人在企业经营活动中扮演不同的角色，所以在培训需求分析中的分析重点就不一样（见表3-1）。高层管理者更倾向于从公司发展前景角度来关注培训与人力资源管理活动；中层管理者则更关心影响本部门财务目标的因素；培训者更关注绩效差距产生的原因、培训对象和培训内容的确定、培训方法的选择等。

表 3-1 培训需求分析中的对象分析

分析类型	高层管理者	中层管理者	培训者
组织分析	培训对实现我们的经营目标重要吗；培训将会怎样支持企业战略目标的实现	要花多少钱搞培训	经理们会支持培训吗？我有资金来源购买培训产品和服务吗
任务分析	公司拥有具备一定知识、技能或能力，可参与市场竞争的雇员吗	在哪些工作领域内培训可大幅度地提升产品质量	哪些任务需要培训？该任务需要具备哪些知识、技能或者其他特点
员工分析	哪些职能部门和经营部门需要培训	哪些人需要接受培训？（经理人？专业人员？一线员工？）	我怎样确定需要培训的雇员

3.培训需求的阶段分析

根据培训需求的阶段，可以将培训需求分为目前培训需求分析和未来培训需求分析。目前培训需求分析是针对企业目前存在的问题和不足而提出培训要求，主要是分析企业现阶段的生产经营目标、生产经营目标实现状况、未能实现的生产任务、企业运行中存在的问题等方面，找出这些问题产生的原因，并确认培训是否是解决问题的有效途径。未来培训需求分析主要是为满足企业未来发展需要而提出培训要求，主要采用前瞻性培训需求分析方法，预测企业未来工作变化、职工调动情况、新工作职位对员工的要求以及员工已具备的知识水平和尚欠缺的技能等。

（三）培训需求分析的方法

1.组织整体分析法

组织整体分析法是从组织的整体现实出发，以战略目标为依据确定组织培训需求的方法。组织整体分析法一般从分析反映组织经营状况的指标开始，如经营环境、利润率、投资回报率、销售利润率、员工流动率、客户满意率、权益报酬率等。通过分析这些指标，找出组织在技术、生产、经营、管理和公众关系等方面存在的差距,从而确定各种培训需求。组织整体分析法具有操作方便、容易得出具有普遍意义的培训需求等优点,因而引起高层管理人员的重视。但是,这种方法必须以得到充分的数据为基础,然而得到这些详细真实的数据是比较困难的。

2. 任务分析法

任务分析法也称工作分析法或工作盘点法,是依据工作描述和工作说明书,确定员工达到要求所必须掌握的知识、技能。通过系统地收集反映工作特性的数据,对照员工现有的能力水平,确定培训应达到什么样的目标。在工作说明书中一般都会明确规定:每个岗位的具体工作任务或工作职责;对上岗人员的知识、技能要求;工作职责履行程度的衡量标准。除了使用工作说明书和工作规范外,还可以使用工作任务分析记录表,记录表记录了工作中的任务以及所需要的技能。工作任务分析表通常包括工作的主要任务和子任务、各项工作的执行频率、绩效标准、执行工作任务的环境、所需的技能和知识以及学习技能的场所。依据上述几方面的信息,对比员工个人的实际状况,就可以找到培训需求了。

3. 员工个人培训需求分析法

员工个人培训需求分析法是员工对自己进行分析,并不断寻求进步的一种培训需求分析法。主要是员工根据工作感受和自己的职业发展规划,对自身的知识和能力进行主观评估,进而确定培训需求。这种方法具有针对性强和能够有效调动员工参与培训的积极性等优点。但由于员工很难客观地对自己进行评估分析,往往会产生不切合实际的培训需求。

4. 问卷调查法

问卷调查法是让员工填写"培训需求调查问卷",并对问卷信息进行整理、汇总、分析,从而确定培训需求的方法,这也是组织经常使用的一种方法。这种方法的优点是调查面广、资料来源广泛、收集的信息多、相对省时省力。缺点是间接取得调查结果,如对结果有疑问,无法当面核实,调查对象容易受问题误导,获得的深层信息不足等。

5. 绩效分析法

绩效分析法是找出员工目前的绩效与组织的理想绩效之间存在的差距,然后分析存在绩效差距的原因:是不能做还是不想做,还要进一步分析知识、能力和行为等方面存在的差距,最后确定培训需求。这种分析法主要围绕"缺陷"展开,也称缺陷分析。通常,员工缺陷有两种:一种是"技能"上的缺陷,称之为"不能做";另一种是"管理"上的缺陷,称之为"不想做"。前一种"缺陷"是指员工工作技能、工作技巧、工作熟练程度和业务知识水平等方面的不足；后一种"缺陷"是指员工工作态度、领导层的任务分派和指导、信息沟通与反馈等方面的不足。

对于缺陷的分析，可归结为组织和员工个人两方面的原因。

（1）技术缺陷

组织方面的原因主要有工作设计不合理、分配任务不当、工作标准过高、工作条件差。个人方面的原因主要有未能理解工作任务、缺乏工作所需的知识和技能等。

（2）管理缺陷

组织方面的原因主要有薪酬系统不合理、激励不当、人际关系紧张和组织氛围差等。个人方面的原因主要有责任心差、职业道德水平较低等。如果是属于个人知识、技能和态度方面的原因，则需要对员工进行培训。

6. 观察分析法

观察分析法是观察每一位员工的工作状况，如操作是否熟练、完成每件工作需要多少时间等，通过仔细观察，从中分析出该员工需要培训的内容。该方法虽然简单，但是存在着无法克服的缺陷：如果员工意识到处于被观察状态，易感到紧张，从而出现表现失常的情况，使观察结果出现较大的偏差；在评价员工时，评价人的个人成见易导致评价结果出现偏差；消耗时间长也是观察法的突出缺陷。

7. 前瞻性培训需求分析法

前瞻性培训需求分析法是以组织未来发展需要为依据来确定员工培训需求的方法。随着技术的不断进步，员工会因工作调动或职位晋升等原因产生新的培训需求。同时，在组织发展过程中，也会不断对员工产生更高的知识和能力要求。

8. 培训需求的逻辑推理法

培训需求的逻辑推理法是根据员工对培训的不同需求，对员工各方面情况进行推理分析。这个方法的实施主要分为七个阶段。

阶段一：说明员工目前的工作现状。

阶段二：检查员工过去的工作情况，从员工的上级、同事那里获得资料，并与员工直接讨论或对员工进行测试。

阶段三：培训工作者如果发现工作流程出现错误，则应该设法改善流程；如

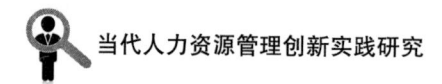

果是员工未能圆满地完成工作任务，则进入第四阶段。

阶段四：培训专家通过培训来给予员工帮助，例如，展示新的工作方法，改变工作观念上的认知偏差。

阶段五：消除员工心理障碍。

阶段六：考虑员工的健康状况及其他个人问题是否是导致其不良工作表现的原因。

阶段七：通过满足员工个人内在心理需求、消除员工心理障碍来改善员工的行为和态度。

（四）培训计划的制订

目前国内真正有系统培训计划的企业占比不足50%，也就是说，仍然有一半以上的企业对培训计划缺乏概念，在管理方面欠缺计划性，这对于培训管理来说是较为不利的。缺乏计划性的培训不仅容易在培训目标上出现诸多偏差，而且还容易导致资源应用不合理、分布不均匀等后果。最为重要的是，只有当培训计划是成长性的培训管理计划时，才能够使培训管理水平不断得到提高，才能避免出现"管理泡沫"的现象。

1. 培训目标的确定

培训目标就是简明扼要地确定培训活动的目的和结果。培训目标主要可分为知识传播、技能培养和态度转变三大类目标。

2. 培训计划的含义

所谓培训计划，是按照一定的逻辑顺序排列的记录，它是从组织的战略出发，在全面、客观的培训需求分析基础上做出的对培训时间（when）、培训地点（where）、培训者（who）、培训对象（whom）、培训方式（how）和培训内容（what）等的预先系统设定。培训计划必须满足组织及员工两方面的需求，兼顾组织资源条件及员工素质基础，并充分考虑人才培养的超前性及培训结果的不确定性。

3. 培训计划的种类与内容

培训计划按不同的划分标准，有不同的分类。以培训计划的时间跨度为分类标准，培训计划可分为长期培训计划、中期培训计划和短期培训计划。按计划的层次进行分类，培训计划可分为公司培训计划、部门培训计划与培训管理计划。

一个完整的培训计划应包含培训目标、培训对象、培训课程、培训形式、培训内容、培训讲师、培训时间、培训地点、考评方式、培训预算以及培训出现问题时的调整方式等内容。

二、员工培训方案的设计与实施

（一）员工培训方案的构成

一个完整的培训方案必须包括培训目标、培训对象、培训内容、培训形式、培训时间、培训地点、培训组织以及培训经费等方面内容。

1. 培训目标

确定培训目标会给培训计划提供明确的方向。有了培训目标，才能确定培训的对象、内容、时间、培训师、方法等具体内容，并在培训之后对照此目标进行效果评估。在培训设计中，培训目标既可以被明确地表述，也可以在对其各个要素的选择之中体现。一般情况下，培训目标是通过行为术语表述出来的，而这些术语通常属于认知范围。在我们所熟悉的培训的教学大纲中，最常见的有"了解""熟悉""掌握"等认知指标。确定总体培训目标之后，再把培训目标进行细化，就形成了各层次的具体目标。目标越具体，越具有可操作性，越有利于总体目标的实现。

2. 培训对象

培训对象作为培训方案的主体，也是培训方案的一个要素。根据培训需求、培训内容，可以确定培训对象。在培训方案的设计中，培训对象不仅是培训的接受者，同时也是一种可利用的学习资源。而且，只有充分调动培训对象参与培训的积极性，才能获得更好的培训效果。岗前培训的对象是新员工，而在岗培训或脱产培训的对象是即将转换工作岗位的员工或者不能适应当前岗位的员工。

3. 培训内容

一般来说，培训内容包括三个层次，即知识培训、技能培训和素质培训。培训内容的安排涉及范围和顺序两个问题。顺序是指培训内容在垂直方向上的安排，要体现培训内容的连续性和逻辑性，以使培训对象通过按照合乎逻辑的步骤不断取得学习上的进步。培训范围是指培训内容在水平方向上的安排，既不能太宽，也不能太窄，要精心地设定培训范围，使其尽可能地对培训对象具有实际意义。培训内容可以是学科领域内的概念、判断、思想、过程或技能。

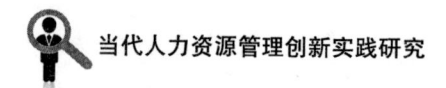

4. 培训形式

培训形式，主要指的是培训活动的安排和培训方法的选择。这些安排和选择要与培训的目标和方向直接相关。培训活动的安排及培训方法的选择，旨在激发培训对象的培训兴趣，使他们在培训过程中将注意力集中在实现培训目标的方向上。培训的形式有很多种，如讲授法、演示法、案例分析法、讨论法、视听法、角色扮演法等。各种培训形式都有其自身的优缺点。为了提高培训质量，达到培训目的，往往需要将各种形式结合起来灵活运用。

5. 培训时间

时间是不可再生的有限资源，要最大限度地利用它。培训管理者要巧妙地利用有限的培训时间，培训师要使培训对象在整个培训期间积极地参与培训活动，把培训时间看成最有价值的时间。布置培训作业也是一种开发和利用培训时间的方法。

6. 培训地点

培训地点通常是培训教室。另外，还有一些特殊空间可以利用，如图书馆、实验室、研讨室、运动场等。若以技能培训为内容，最适宜的培训场所为工作现场，因为培训内容较为具体，许多工作设备是无法在教室或会议室进行操作的。

7. 培训组织

大多数的培训组织形式是面向全体培训对象的班级授课制，但是分小组培训教学形式也经常被运用。通常分小组培训教学方案是根据培训对象的学习能力水平和学习进度来设计的。分组培训教学为实现个性化培训创造了有利条件。

8. 培训经费

培训经费包括场地费、交通费、授课费、餐费、住宿费、教材费、设施费、文具用品费等。

（二）员工培训方案设计

1. 员工培训方案设计程序

培训方案设计是一项创造性的工作，也是一项系统性的工作。因此，在设计培训方案时，要有一个指导体系，并按照一定的程序进行。如果完全依靠主观想法来设计方案，必然会导致培训失效。当然，培训管理者也不能总是按部就班地进行设计，应发挥创造力，这是由培训方案本身的特性所决定的。

（1）设计准备

在开始方案设计之前，培训项目负责人首先要进行相关的准备工作。这些准备工作将对以后的方案设计产生重要的影响，准备工作做得越充分，方案设计也就越容易。

（2）设计目标

设计目标是指在培训方案结束时，希望培训对象通过学习能达到的知识、能力的水平。目标描述是培训的结果，而不是培训的过程，所以重点应放在培训对象应该掌握的具体内容上。明确的目标可以增强培训对象的学习动力，也可为考核提供标准。

（3）搜集材料

目标确定以后，培训主管就要开始搜集与培训内容相关的材料。培训主管搜集材料的来源越广越好，可以从企业内的各种资料中查找自己所需要的信息；可以征求培训对象、培训相关专家等方面的意见，借鉴已开发的类似方案经验，从企业外部渠道挖掘可利用的资源。除了这些信息资料以外，培训主管还要了解在培训中所需的授课设备，如电影、录像、幻灯片等多媒体视听设备。利用现代化的培训教学手段有助于增强培训的趣味性，增强培训效果。

（4）要素拟定

培训方案设计涉及很多方面，培训主管可以将其分成不同的模块，分别进行设计。当然，模块设计不能脱离培训方案，它们之间也具有关联性。

（5）试验方案

培训方案设计完成以后，工作并没有完成。此时需要按照培训方案进行一次培训活动排练，这就像演戏一样，在正式公演之前要做一次预演，以确保做好充分的准备。

（6）反馈与修订

在方案预演结束以后，要根据培训对象、培训专家以及培训部门的意见对方案进行修订。此项工作非常重要，及时发现问题、解决问题对培训效果有积极的影响。方案调整的程度视现存问题而定，有时只需对一小部分培训内容做出调整，有时也有可能要对整个培训方案进行重新设计。但不管怎样，一定要及时地对现存问题进行解决。

2. 员工培训方案设计要点

设计培训方案一定要充分开发和利用一切能利用的培训资源，以便取得良好的培训效果。培训方案设计必须充分体现人、财、物、时间、空间以及信息等主要资源领域的合理配置，使各种资源协调、统一地发挥作用。以下为培训方案的设计要点。

（1）注意互动

培训师与培训对象作为培训活动中的两大主体，在培训中扮演的是两种完全不同的角色。在培训方案的设计中，应注意增加培训主体之间的互动，即让培训对象变成培训者，充分开发培训对象的潜能，增强培训效果。

（2）充分、合理地利用时间

培训主管在设计培训方案时，要充分、合理地利用时间。对时间的理解包括两方面：总的课程时间长度，即总学时数；单位的课程时间长度，即每天的学时数。对时间的设计是有必要的，它可以使人们对课程所需的时间有一个总体的认识。

（3）合理使用空间

培训负责人在设计培训方案时，应合理使用空间资源。对此，可以从内涵和外延两个方面来讨论对培训空间的开发利用。从内涵来看，在设计培训方案时，应重新审视培训课程所要求的最传统、最基本的空间——教室；从外延来看，可以把培训方案的实施地点设计在现场、室外，以及所能利用的社会环境之中去。

（4）开发教材

培训教材的开发是方案设计的中心环节，能否为培训对象提供一套与培训课程内容吻合的教材，是培训方案设计中的一个重要方面。因此，应该尽可能地开发一切所能利用的信息资源，打破传统的教科书体系，同时充分利用现代科学技术的先进成果，把单一的文字教材扩充到声、像、网络和其他各种可利用的多媒体手段上。

（5）运用多种方法与手段

培训方案的设计必须跟上时代的步伐，利用最新的方法与手段，最大限度地发挥培训的作用。方法与手段的先进性与多样性，是培训方案设计的一个重要特征。培训只有运用多种方法与手段，才能把学习者的积极性调动起来，才能得到较好的学习效果。

（6）个性化教学

所谓个性化教学，就是因材施教，根据学员不同的情况与不同的岗位需要，给每一个培训对象单独设计课程计划。利用多媒体技术开发的个人学习软件，可以使一个教学班在同一时间、同一地点上同一门课。每个人都可以根据自己的学习计划，采取不同的策略，根据不同的理解与接受程度去学习，而且每一个人的学习时间和进度都可以不同。

（7）整建制培训

所谓整建制培训，就是要求在同一时间内对组织中的所有成员进行不同岗位的培训，同时要求开设若干门不同的课程。这使许多培训机构很难适应，但多媒体技术的应用可以满足这种特殊的培训要求。

（三）员工培训方案的实施

1. 培训准备

（1）落实场所与设施

由于培训场所对培训会产生很大的影响，并关系到培训实施的效果，所以必须对其进行慎重地选择。特别是在利用外界的培训场所时，对场地的大小、通风、空调、噪声、安全等必须进行仔细的检查。

（2）通知培训对象

为了使培训对象对培训课程的意义、目的、内容等要点事前有所了解，培训部门在可能的情况下，应准备一些相关的资料在课前发给培训对象，这些资料最好在培训前10—20天分发。开班前2天，培训部门要再次确认培训对象能否参加培训。

（3）联系培训师

在培训实施前，要尽早确定培训需要的专家，然后把希望讲授的内容、培训要求、授课方法明确地传达给培训师，并请其提供培训大纲，进而进行审核。在审核时主要看内容是否完整、重点是否突出，同时要注意培训师之间所培训的内容有无交叉、遗漏。对接送培训师的时间和方式、食宿安排、酬金支付，以及培训师对教材、教室、教学器材、座位安排等有何要求也要提前进行沟通和确认。

2. 培训介绍

做好培训准备工作，待培训对象报到后，就正式进入培训实施阶段。

（1）介绍培训主题

主要是向培训对象说明培训的目的，并对培训对象提出学习期望。

（2）介绍培训课程

为了使培训对象了解培训课程的意义、目的、要求、方法等，要进行简短的

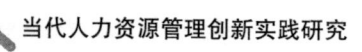

培训课程介绍。介绍最好在开训式之后进行，这样有利于消除培训对象的紧张感。

（3）介绍培训师

培训师可以进行自我介绍，也可以由培训负责人代为介绍。目的是让培训对象了解培训师的工作经历，从而增加培训对象的信任感。

（4）介绍日程安排

介绍这次培训中将要涉及的问题，如哪些内容需要进行考试，以提高培训对象的注意力，促进其学习。通过介绍，可以使培训对象明确经过这次培训后应达到的目标，以及如何通过培训达到预定的目标。

3. 课程讲解

在大多数企业中，培训负责人要亲自进行课程讲解。其形式主要有课堂讲授、媒体教学、组织讨论和解答疑问等。

（1）课堂讲授

课堂讲授往往是培训负责人的重要工作之一，也是培训负责人显示工作能力的重要途径之一。有经验的负责人知道应把课程内容分为几个部分，按照讲授—活动—总结的模式循环，避免培训对象感到乏味，也使其有足够的时间消化吸收所讲内容。在设计课程内容时，要从培训对象的角度考虑课程安排。在讲课过程中，可以使用一些辅助设备，如投影等，来帮助强调重点，吸引培训对象的注意力。

（2）媒体教学

有时课程的内容需要通过录像、幻灯片等多媒体手段进行传授，这时要避免培训对象陷入被动的"看电视"状态中，要尽量利用多媒体教学方式促进培训主体的双向交流。

（3）组织讨论

组织讨论是课程讲解的重要手段之一。讨论的方式有两种，一种为正式讨论，一种为非正式讨论。例如，培训负责人可以先发给大家有关阅读材料和一些书面问题资料，让大家做好准备，然后就这些问题进行讨论。在讨论中可以不时地插入一些问题，引导培训对象考虑如何把学到的知识运用到他们的工作中去。非正式讨论是指在课程讲解计划中没有正式安排，而在培训过程中随时可能进行的讨论，非正式讨论可以检查培训对象的掌握情况，提高培训者的参与度。

（4）解答疑问

课程讲解完毕之后，一般都要进行疑问解答。培训负责人最好对可能提出的问题有所准备，以便更好地解答问题。

4.培训评价

一项培训项目结束以后,还应对此次培训进行评价并做一些扫尾工作。做任何事情都要有始有终,培训也是一样。好的开始可以给培训对象和培训主管带来信心,整个培训过程是传授新知识和新技能的主要环节,而使培训有一个好的结束,更会取得意想不到的效果。

(1)培训考核

对培训对象的培训效果进行评估,要通过考试(主要以考查分析问题和解决问题的能力为主)、写论文、答辩、案例分析等方式进行。

(2)培训效果调查

要听取培训对象对培训的意见,可通过座谈、问卷等形式进行。

(3)结业仪式

结业仪式包括结业仪式致辞、颁发结业证书、培训总结、培训对象代表致辞、宣布培训结束等环节。

(4)送别培训对象

全体培训工作人员应给培训对象送行,对培训对象在培训期间的努力和合作表示感谢,并祝愿培训对象将所培训知识运用到日后的工作中去。

(5)整理

送走培训对象之后,培训负责人要整理培训教室、办公室、休息室等场所。同时,要将培训课程实施所涉及的材料、文件加以整理,连同资料一起存档。

(6)实施过程检讨

由全体培训工作人员对整个培训过程进行完整的回顾,找出问题和不足。这项工作要在培训实施完成后马上进行。

(7)培训效果跟踪

培训后,培训负责人和工作人员要主动、及时地到培训对象所在部门去听取其上级领导和同事的反映,要确认培训对象在知识、技能、态度等方面与培训前有无提高。同时,还可征求培训对象对培训的意见。培训效果有时很难马上反映出来,所以培训负责人要有长期跟踪的心理准备。

三、培训与开发的方法创新

培训与开发的方法是培训师和培训对象为完成培训任务而采用的方法,包括授课方法和学习方法,是培训师引导培训对象掌握知识技能、获得身心发展而进行的活动。培训与开发的方法分为传统的培训与开发方法和运用新技术的培训与开发方法。

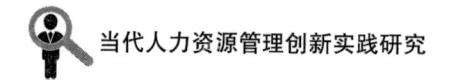

（一）传统的培训与开发方法

传统的培训与开发方法是相对于需要新技术（多媒体、电子支持系统等）来传递信息的培训与开发方法而言的。根据培训实施方式的不同，我们将传统的培训与开发方法分为两大类，即在职培训方法和脱产培训方法。

1. 在职培训方法

在职培训方法是指员工不离开自己的岗位，在实际工作岗位和工作场所进行的培训，包括以下几种形式。

（1）自我指导学习

这是由培训对象自己全权负责的学习，培训对象自己控制学习的进程，培训师只作为辅助者。自我指导学习的优势是，它能让培训对象自己掌握学习进度并接受有关学习绩效的反馈；只需少量培训师，减少了培训成本，而且可以在多个地点进行培训；可以提供连贯的培训内容；可以使培训对象轮流接触到培训材料。自我指导学习的局限性主要体现在，培训对象必须愿意自学，必须有学习的动力；占用时间比较多，会给企业带来高开发成本。

（2）学徒培训

这种方法主要是由一名经验丰富的员工做师傅，带一名或几名新员工，通过师傅的指导，使新员工能够迅速掌握岗位技能。在需要一定技能的行业中常使用这种方法。学徒培训的优点：学徒在学习的同时获得收入，同时可以节约培训成本，而且有利于员工迅速掌握工作技能。学徒培训的缺点：培训效果受师傅的影响比较大，会影响师傅的正常工作，降低其工作效率；学习的范围比较狭窄，容易形成固定的工作思路，不利于创新。

（3）工作（岗位）轮换

这是指员工在一定时期内变换岗位，以获得不同岗位的工作经验。许多公司在招募新员工后，会把新员工安排到公司内不同的部门和岗位上，要求他们在每个部门或岗位上工作几个月。这样做不仅能帮助培训对象了解公司及不同部门的情况，还能帮助公司高层领导及人事管理部门了解培训对象的人际沟通能力和专业知识技能倾向等。在轮岗过程中，培训对象的优点和缺点会有所暴露，掌握培训对象的优点和缺点对合理使用人才有重要的意义。

2. 脱产培训方法

脱产培训是指员工离开自己的工作岗位去专门参加的培训。

（1）讲授法

讲授法是指培训师按照准备好的讲稿，通过语言表达、板书等教学手段系统地向培训对象传授知识、观念和技能的培训方法。它是最基本的培训方法，也是企业培训中最常用的一种培训方法。该方法适用于各类培训对象对学科知识、前沿理论的系统了解，在管理常识、产品知识、营销知识、财会知识、作业管理等内容的培训中经常使用。

讲授法的优点：成本低，节省时间；可随时满足员工某一方面的需求；形式灵活，不仅可以单独使用，还可以作为其他培训方法的辅助手段；讲授内容集中，可以一次传递大量信息。讲授法的缺点：单向交流，缺少培训对象的参与和反馈；缺少与实际工作环境的密切联系，可能导致培训对象缺乏直观体验；培训对象的学习和记忆效果不佳；与其他培训方法比较，这种方法较难吸引培训对象的注意力，而且比较难以把握培训对象的理解程度。

需要注意的是，要根据培训对象和目标的不同，确定讲授内容和形式；培训师是讲授法成败的关键，需要对讲授的知识有深入的研究，或有丰富的经验和授课技巧；与其他方法结合使用，可以扬长避短。

（2）讨论法

讨论法是指培训师与培训对象通过共同讨论来解决问题的一种培训方法。讨论方式有很多种，最常用的有课题讨论法、对立式讨论法、民主讨论法、演讲讨论法和长期准备讨论法等。讨论法的优点：培训对象能够参与到培训活动中，能够提高学习兴趣；通过鼓励培训对象思考，可以加深培训对象对学习内容的理解；有利于知识和经验的共享；可以培养培训对象的口头表达能力。讨论法的缺点：为了保证培训效果，参与讨论的人数不能过多；不利于对基本知识和技能进行系统掌握；讨论过程中容易偏离主题。

（3）工作模拟法

工作模拟法可以让培训对象在一个人造的、没有风险的环境下看清他们所作决策的影响，而不用担心错误决策产生的影响，有助于增强培训对象的自信心。这种方法常被用来传授生产和加工技能以及管理和人际关系技能。

（4）案例分析法

案例分析法是把实际工作中出现的问题作为案例，交给培训对象研究分析，培养其分析能力、判断能力、解决问题的能力及业务能力的培训方法。用这种方法对员工进行培训，能加深员工对公司各项业务的了解，培养员工间良好的人际关系，提高员工解决问题的能力，增强企业的凝聚力。

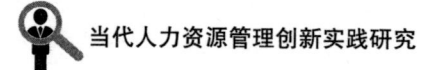

案例分析法的优点主要体现在两方面。一是有利于理解并掌握原理或者基本概念。使用案例分析法时，首先要确定让培训对象掌握哪些基本原理或基本概念，然后再选择能够说明这些原理或概念的案例。这就有利于培训对象通过案例的学习理解并掌握某一理论。二是有利于扩大培训对象的想象力和视野，掌握正确的思维技能。案例分析法把一些真实的问题展现在培训对象面前，为其提供了思维实践机会，打破了培训课程的限制。

在运用案例分析法的过程中要注意：第一，由于案例是从实际工作中收集的，培训对象无法完全通过材料了解案例的全部背景及内容，因此培训师分发材料后，应仔细说明并接受培训对象的咨询，以确保他们对材料能够正确理解；第二，若小组在研究问题时的思考方向与训练内容有偏差，组长或培训师应及时修正；第三，问题的症结可能零散而繁多，因而归纳出来的对策也会零乱，因此小组有必要根据重要程度和相关程度整理出适当的对策；第四，培训师进行总结时，既要对各小组提出对策的优缺点进行点评，又要对案例的解决策略进行剖析，同时还可以引用其他案例进一步说明问题。

（5）角色扮演法

角色扮演是通过创造一个真实的场景，让培训对象扮演分配给他们的角色，并给培训对象提供有关的背景信息。在角色扮演中，培训对象对他们在实际工作中可能遇到的具体问题做出反应。在实际扮演角色时，一旦培训对象真正融入了自己所扮演的角色，培训对象之间往往会有激烈的争论。角色扮演法的优点：可以使培训对象通过扮演各种角色来接触实际问题，使其关心和了解别人的思想、观点和人生态度，进入别人的内心世界去体验生活，还可以在角色扮演中学习操作方法，巩固所学理论知识。在采用角色扮演法时，培训师要掌握课堂的主动权，可以根据剧情需要和培训对象的兴趣来调整、改变角色扮演的场景。

（6）商业游戏法

商业游戏法需要培训对象做出一系列决策，每次做出的决策不同，情况也将随之变化。商业游戏法效果好，培训对象参与度高，实用性也强。培训中可以根据企业培训的目标，自行设计游戏内容，针对培训对象的特点采用不同的游戏方案。

（7）行动学习法

行动学习法是一种以对现场实际问题的考察、研究和解决为核心的培训方法。行动学习法是指给团队或工作群体一个实际工作中面临的问题，让他们合作解决问题并制订一个行动计划，然后由他们负责实施这一计划。被安排接受培训的人员通常是具有几年实践经验的中层经理，以4—6人为一组，在一名高级经理的带领下，深入某一部门或其他工作现场，持续时间为6—9个月。受训人员进入现场后，分头进行调查研究。每隔一定时间，他们会集中在一起，在一名高级经理的主持下，交换各自获得的信息。当培训活动将要结束时，项目小组将集体向最高管理层递交一份研究和建议报告。行动学习已被一些跨国公司用于培养"全球经理"。行动学习可使学习和培训成果的转化达到最大化，而且有助于发现妨碍团队有效解决问题的一些非正常因素。

（8）拓展训练法

拓展训练是通过在真实或模拟环境进行具体活动，来获得亲身体验和感受，并通过与团队成员之间的交流实现信息共享，然后通过总结形成理论或成果，应用到实践中的培训方法。拓展训练主要有两个目的，即超越自我和提高团队绩效。一次拓展训练一般包括四个环节：团队热身、项目体验、回顾总结、实践应用。

（二）运用新技术的培训与开发方法

新技术的运用对培训的影响是巨大的。首先，通过运用新技术，培训人员可以在24小时内对分布在全国各地的员工进行培训；其次，运用新技术可以简化流程，实现培训管理电子化；最后，新技术还能为培训提供支持服务。

1. 计算机辅助培训

计算机辅助培训是指由计算机进行提问，培训对象做出回答，再由计算机分析答案并向培训对象提供反馈的一种人机互动式培训方式。

2. 网络培训

网络培训是指通过互联网或内部网络进行培训的方式。其中，内部网络培训是指公司通过内部网络开展的培训，它只面向公司内部员工，公司外部人员不能参加这种培训。

3. 多媒体培训和远程培训

多媒体培训是把视听培训和计算机培训结合在一起的培训方法，这种培训综合了文本、图表、动画以及录像等手段。多媒体培训可以促使培训对象自觉学习，通过在线服务提供及时的信息反馈和指导，测试培训对象的掌握程度，让培训对象按照自己的进度来学习。它的最大问题在于培训费用较高。另外，多媒体培训不太适用于对人际交往技能的培训。

远程培训是为分散在不同地域的培训对象提供关于新产品、政策、程序等信息的培训。远程培训的优点在于能为公司节约交通费用，可以使不同地区的员工都能参加培训。其缺点在于培训师和培训对象之间缺乏沟通。

4.其他新技术培训方式

（1）虚拟现实

虚拟现实是指通过使用专业设备，来让培训对象观看计算机屏幕上的虚拟模型，培训对象可以感受到模拟环境并同各种模拟要素进行互动，同时还可以利用技术来刺激培训对象的多重知觉。

虚拟现实的优点在于，它可使培训对象在虚拟环境下体验现实中的危险性操作。它的另一个潜在优势是可以让培训对象进行连续性学习，还可以增强培训对象的记忆。发展虚拟现实技术的障碍在于，劣质的设备会影响培训对象身临其境的体验感。由于培训对象的感官受到刺激，因此有时他们可能会感到恶心、眩晕，甚至头痛（模拟病）。

（2）智能指导系统

智能指导系统是指运用人工智能进行指导的系统。它有三种类型：个别指导、训练和授权。个别指导旨在提高培训对象对某项内容的理解；训练则可以让培训对象在人造环境中灵活运用技能；授权可以提高培训对象自行开发培训项目内容的能力。

智能指导系统有以下几个特点：可以满足培训对象的个性化需要；能与培训对象进行沟通并做出回应；能模拟培训对象的学习过程；能根据培训对象以前的绩效，决定为其提供何种信息；能鉴定培训对象的理解力水平；能使培训对象进行自我评估，从而可以有效地调整学习过程。

（3）培训支持技术

目前，一些企业已开始启用专家系统、电子会议软件、电子支持系统等新技术来进行员工培训。培训支持是指通过运用这些技术来帮助未参加培训的员工了解有关的培训内容，还可以让员工按照自己的需求来获取有关信息和决策规则。

专家系统是指把专家的知识运用于解决某一特定问题的技术（通常指软件）。

当员工遇到的问题和需要做出的决策超出其现有知识技能的范围时,就可寻求专家系统的帮助。专家系统既可以提供优质的服务,降低成本,还可以避免由疲劳和偏见而导致的决策失误。

电子会议软件是一种特殊的应用软件,它可以使不同的使用者搜寻、共享和组织信息,并可同时在同一个软件上工作。电子会议软件把电子邮件、文件管理、电子公告栏等多种形式融合在一起。

电子支持系统是按照需求提供信息、进行技能培训和专业咨询的计算机应用方式。它可以促进培训成果转化,可以替代培训,也可以包含于网络或某个项目之中。

第四章 绩效管理创新

本章为绩效管理,第一节是对绩效管理进行概述,第二节介绍绩效管理、绩效计划、绩效考核及反馈,第三节分析绩效管理中的问题。

第一节 绩效管理概述

一、绩效

(一)绩效的基本概念

绩效也称为业绩,反映的是人们从事某一活动所产生的成绩和成果。绩效是一个多维建构,观测和测量的角度不同,其结果也会不同。

我们可以从经济学、管理学和社会学三个角度来理解绩效。

从经济学角度看,绩效与薪酬体现了员工与组织之间的对等交易关系,员工用自己的绩效来交换相应的薪酬,组织则用相应的薪酬来交换员工的绩效,这种对等交易的本质体现了等价交换的原则,这正是市场经济运行的基本规则。

从管理学角度看,绩效是一种有效的产出,是组织目标完成的结果,绩效包括组织绩效、团队绩效和个人绩效。

组织绩效和团队绩效由实体形态的"效率"和价值形态的"效益"两个方面体现,效率一般指劳动生产率、组织运作率等,效益则反映经济目标的实现程度。

从社会学角度看,绩效意味着每一个社会成员按照社会分工所确定的角色承担相应的责任。他的生存权利是由其他人的绩效来保证的,而他的绩效又保证其他人的生存权利。

实际上,绩效既应包括工作结果,也应包括工作行为。从绩效管理的角度来看,我们不仅要看员工有没有完成工作目标,而且要看员工是如何完成目标的。

因此，我们应以综合的观点来看待绩效，绩效反映了员工在一定时间内以某种方式实现某种结果的过程。

（二）绩效特性

绩效主要包括以下三方面特性。

1. 多因性

绩效的优劣受到主客观多种因素的影响。影响工作绩效的因素主要有四种，可用公式表示，即 $P=f(S, O, M, E)$。其中，P 代表绩效，S 代表技能，O 代表机会，M 代表激励，E 代表环境。技能是员工具有的工作技巧与能力水平；激励是指员工的工作积极性；环境是员工在工作中所面对的全部环境因素；机会是偶然的，也是不可控的，员工要正确地对待。

2. 多维性

绩效可以分解为多个维度，在考核员工绩效时，要从不同的维度来全面考核绩效。比如，对一名生产线上工人的绩效进行评价时，既要看产量指标的完成情况，还要综合考虑其产品的质量、原材料消耗情况、设备保养状况等，通过综合评价，得出最终的评价结果。

3. 动态性

绩效是不断变化的，绩效的高低会随着诸多因素的变化而变化，管理者必须动态地看待员工的绩效。原来绩效比较低的员工，可能由于能力的提高、工作条件的改善或积极性的发挥而使绩效提高；而原来绩效较高的员工，由于种种原因也可能导致绩效降低。因此，不能以一成不变的思维来对待员工的绩效。

总之，管理者对下级绩效的考察，应该是全面的、发展的、多角度的和权变的，力戒主观化、片面化和僵化。

（三）绩效指标和标准的选择

1. 绩效指标

（1）绩效指标的含义

绩效指标是绩效项目的具体内容，可以理解为对绩效项目的分解和细化。例如，对于员工在某一职位的工作能力这一考核项目可以细化为分析判断能力、沟通协调能力、组织指挥能力、开拓创新能力、公共关系能力以及决策行为能力6项具体指标。

（2）绩效指标确定的原则

绩效指标的确定有助于保证绩效考核的客观性。确定绩效指标时，应当注意遵循以下几个原则。

①有效性原则。有效性原则是指绩效指标应当涵盖员工的全部工作内容，这样才能够准确地评价员工的实际绩效。这包括两个方面的含义：一是指绩效指标不能有缺失，员工的全部工作内容都应当包括在绩效指标中；二是指绩效指标不能有溢出，职责范围外工作内容不应当包括在绩效指标中。为了提高绩效指标的有效性，应当依据工作说明书来确定绩效指标。

②具体性原则。指标要明确地指出考核内容，设定的指标不能过于笼统，否则会失去可操作性。例如，在考核老师的工作业绩时，"授课情况"就是一个不具体的指标，因为授课情况涉及很多方面的内容，如果使用这一指标进行考核，考核主体就会无从下手，应当将它分解成几个具体指标，如上课是否准时、讲课内容是否具有逻辑性、讲课方式是否生动等。这样的考核就更有针对性。

③明确性原则。当指标有多种不同的含义时，应当清晰地界定其含义，不能让不同的考核主体看到同一指标产生不同的认识，不能产生歧义和误解。例如，对于"工程质量达标率"这一指标，就有两种不同的理解：一是指"质量合格的工程在已经完工的工程中所占的比率"；二是指"质量合格的工程在应该完工的工程中所占的比率"。这两种理解就有很大的差别，因此应当指明按照哪种含义的指标来进行考核。

④差异性原则。差异性原则包含两个层次的含义。一是指对于同一个员工来说，各个指标在总体绩效中所占的比重应当有差异，因为不同的指标对员工绩效的贡献不同。例如，对于总经理办公室主任来说，公关能力比计划能力更重要。这种差异性是通过各个指标的权重来体现的。二是指对于不同的员工来说，绩效指标应当有差异，因为每个员工从事的工作内容是不同的。例如，销售经理的绩效指标就应当和生产经理的不完全一样。此外，即便有些指标是一样的，权重也应当不一样，因为每个职位的工作重点不同。例如，计划能力对企业策划部经理的重要性就比对法律事务部经理的重要性要大。

⑤变动性原则。变动性原则也包括两个层次的含义。一是指在不同的绩效周期，绩效指标应当随着工作任务内容的变化而变化。例如，企业在下个月没有招聘计划，但是有对新员工培训的计划，那么人力资源经理下个月的业绩指标中就不应当设置有关招聘的指标，而应当增加有关培训的指标。二是指在不同的绩效周期，各个指标的权重也应当根据工作重点的不同而有所区别。职位的工作重点

一般是由企业的工作重点来决定的。例如，企业销售部门在销售淡季的重点工作是货款的回收，那么在整个绩效指标中，其货款回收指标所占的比重就应当相应地提高，以引起员工对货款回收工作的重视。

2. 绩效标准

（1）绩效标准的含义

绩效标准明确了员工的工作要求，也就是说对于绩效内容界定的事情，员工应当怎样做或者做到什么样的程度。例如，"产品的合格率达到90%""接到投诉后两天内给客户满意的答复"等。绩效标准的确定，有助于保证绩效考核的公正性，否则就无法确定员工绩效的好坏。

（2）绩效标准确定的原则

确定绩效标准时，应当注意以下几个问题。

①绩效标准应当明确。按照目标激励理论的解释，目标越明确，对员工的激励效果就越好，因此绩效标准应当具体清晰，不能含糊不清，这就需要尽可能地使用量化的标准。例如，某公司对人力资源部招聘主管的一项指标的绩效标准是这样规定的，"收到其他部门的人力资源需求后，能够迅速地招聘到合适的人员"。这样的绩效标准就非常不明确，量化标准应当这样规定，"收到其他部门人力资源需求后，在5个工作日内招聘到合适的人员"。

②绩效标准应当适度。制定的标准要具有一定的难度，是员工经过努力之后可以实现的，也就是常讲的"跳起来摘到苹果"。这同样是源自目标激励理论的解释，目标太容易实现或者太难实现，对员工的激励效果都会大大降低，因此绩效标准的制定应当在员工可以实现的范围内确定。

③绩效标准应当可变。这包括两个层次的含义：一是指对于同一名员工来说，在不同的绩效周期，随着外部环境的变化，绩效标准有可能也要随之变化，例如，对于空调销售员来说，由于销售有淡、旺季之分，因此在淡季的绩效标准就应当比旺季的绩效标准低；二是指对于不同的员工来说，即使在同样的绩效周期，由于工作环境的不同，绩效标准也有可能不同，以空调销售员为例，有两个销售员，一个在昆明工作，一个在广州工作，由于昆明气候的原因，人们对空调基本没有需求，而广州的需求则较大，因此两个销售员的绩效标准就应当不同。

（四）绩效的影响因素

员工的绩效主要由以下几个因素决定（图4-1）。在这些因素中，激励和技能是主观因素，而环境和机会是客观因素。

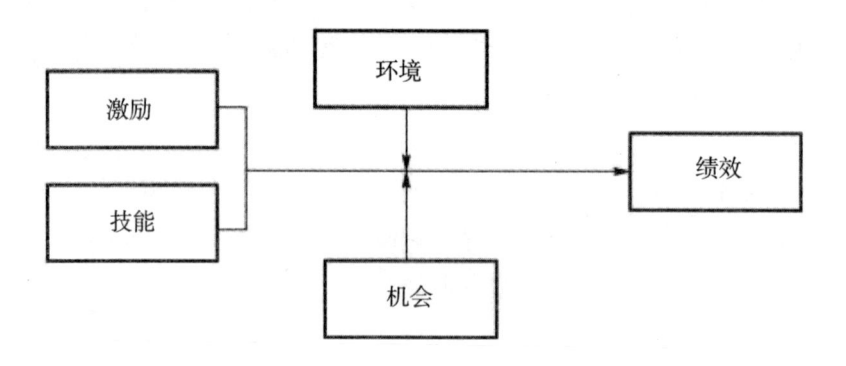

图 4-1　影响绩效的主要因素模型

1. 激励

激励作为影响员工绩效的因素，是通过改变员工的工作积极性来发挥作用的。为了使激励手段能够真正发挥作用，组织应根据员工个人的需要、个性等因素，选择适当的激励手段和方式。

2. 技能

技能指的是员工的工作技巧与能力水平。一般来说，影响员工技能的因素是天赋、智力、经历、教育、培训等。员工的技能不是一成不变的。组织为了提高员工的整体技能水平，一方面可以在招聘录用阶段进行科学的筛选，另一方面可以通过为员工提供各种类型的培训或依靠员工个人主动地进行各种类型的学习来提高其技能水平。

3. 环境

影响工作绩效的环境因素可以分为组织内部环境因素和组织外部环境因素两类。组织内部环境因素一般包括劳动场所的布局与物理条件，工作设计的质量及工作任务的性质，工具、设备、原材料的供应，上级的领导作风与监督方式，公司的组织结构与政策，工资福利水平，培训机会，企业文化和组织氛围等。组织外部环境因素包括社会政治、经济状况、市场的竞争强度等。不论是组织的内部环境还是外部环境，都会通过影响员工的工作能力和工作状态来影响员工的工作绩效。

4. 机会

机会指的是一种偶然性，俗称"运气"。对任何一名员工来说，被分配到什么样的工作往往在具有客观必然性之外还带有一定的偶然性。在特定的情况下，员工如果能够得到完成特定工作任务的机会，则可能会创造在原有岗位上无法创造的工作绩效。例如，一名操作工原本在生产线上工作，但他自学了很多自动化方面的先进技术。有一次，他得到一个额外的工作任务，要求他对生产线存在的问题提出改进意见。这个机会给了他一个展示才华的舞台，他所提出的改进意见为企业节约了一大笔资金，因此他创造了在原有岗位上无法创造的绩效。可以认为，机会对他的工作绩效产生了重大的影响。一个好的管理者应该善于为员工创造机会。

二、绩效考核

（一）绩效考核的含义

绩效考核是指考评主体依据工作目标或绩效标准，采用科学的考评方法，评定员工的工作任务完成情况，并将员工的工作职责履行程度和员工的发展情况，以及评定结果反馈给员工的过程。

（二）绩效考核的应用现状及不足

绩效考核的应用范围较广泛，其考核结果直接决定晋升、获得奖金、出国培训等机会的分配。员工和管理者有时对绩效考核产生负面情绪主要源于三方面原因：绩效考核容易使人焦虑、绩效考核目的不明确、绩效考核结果不理想导致绩效考核工作更加难以开展。

就人力资源管理的所有职能来说，如果缺乏高级管理层的支持，评估计划很难执行。此外，还有其他一些原因致使考核程序不能达到预期的效果，比如，经理人员认为对评估计划投入时间和精力只会获得很少的收益，甚至没有收益；经理人员不喜欢面对面的评估会谈方式；经理人员不擅长提供以前评估方面的反馈信息；经理人员在评估中扮演的法官角色与其在员工发展过程中扮演的帮助者角色相矛盾。

传统意义上的绩效考核在理论上和时间上都存在一些问题，即过分地把员工的绩效提升和能力的不断提高依赖于奖惩制度，因此带来的消极影响主要表现在以下方面：

①员工提升绩效的动力来自利益的驱使和对惩罚的惧怕。

②过分依赖制度而削弱了组织各级管理者在提升绩效方面的责任。

③单纯依赖定期的绩效评估而忽略了对各种过程的控制和督导。

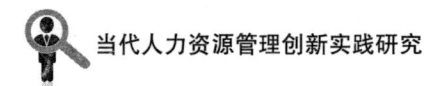

④由于管理者的角色是"警察",考核就是要挑员工的"毛病",因此造成管理者与员工之间的冲突和对立。

⑤这种只问结果不问过程的管理方式不利于培养缺乏经验的员工。当员工发现无法达到工作标准时,会自暴自弃、放弃努力,或将失败归因于外界因素。

⑥工作标准不明确,导致员工规避责任。

⑦员工对业绩优秀者产生抵触情绪,使得优秀业绩者成为被攻击的对象。

三、绩效管理

(一)绩效管理的含义

绩效管理是指为了实现组织发展战略目标,采用科学的办法,通过对员工个人或组织的综合素质、态度行为和工作业绩的全面监测分析与考核评定,不断激励员工提高综合素质,改善组织行为,充分调动员工的积极性、主动性和创造性,挖掘其潜力的活动过程。

(二)绩效管理的功能

1.绩效管理对企业的功能

(1)诊断功能

绩效管理是企业各个职能和业务部门主管的基本职责,在绩效目标明确的前提下,相关部门不但需要对企业中每个成员的活动进行跟踪,及时沟通和分析、反馈绩效管理信息,而且要及时发现企业中存在的共性问题,采用科学的方法进行组织诊断。通过调查掌握企业组织机构的现状及其存在的问题,并对照工作岗位说明书、管理业务流程图等文件,进行组织职能分析、组织关系分析和决策分析,找出组织中存在的问题和症结,指出哪些部门的相关工作需要进行改进和调整,从而为组织的变革和发展提供依据。

(2)监测功能

有效的绩效管理体系的运行,可以显示企业中从高层领导到中层管理人员甚至一线员工的工作情况;可以显示从劳动环境、生产条件、技术装备、工作场地等硬件方面,到企业文化、经营理念、领导方式、工作方法、工时制度等软件方面的实际运行情况。在企业绩效管理的过程中,各级主管必须对人力、物力和财力等资源的配置及实际运行情况,进行及时的测定和监督,才能达到有效的组织、协调和控制,从而实现预定的绩效目标。

（3）导向功能

绩效管理的基本目标是不断改善企业氛围，提高企业生产效率和经济效益，促进员工与企业的共同发展。要达到这一目标，各级主管在企业绩效管理的过程中，应该充分发挥绩效管理的导向功能，通过积极主动的沟通和面谈，采用科学的方法，从不同需求出发，激励下属，使其朝着共同的目标努力学习、积极进取。

（4）竞争功能

绩效管理总是与企业的薪酬奖励、晋升等制度密切相关。绩效优秀的员工不但会受到奖励，还可能会获得晋升机会，为全体员工树立工作的榜样；同时，那些落后的、工作绩效不佳的员工也可能受到一定程度的批评或处罚。无论是受奖还是受罚，对员工都会产生某种触动和鞭策，在组织中形成竞争的局面。这种员工之间的相互比赛和竞争，势必有助于组织的发展和目标的实现，使企业和员工同时受益。

2.绩效管理对员工的功能

（1）激励功能

绩效管理能使员工体验到成功的满足感与自豪感，有利于鼓励先进员工、鞭策落后员工、带动中间员工，从而对每名员工的工作行为进行有效的激励。

（2）规范功能

绩效管理为各项人力资源管理工作提供了一个客观而有效的标准和行为规范，依据考核的结果可以对员工进行奖惩。通过不断的考核，按照标准进行奖惩，会使企业形成按标准办事的风气，促进企业的人力资源管理标准化。

（3）发展功能

绩效管理的发展功能主要表现在两个方面：一方面是组织根据考核结果可以制订正确的培训计划，达到提高全体员工素质的目标；另一方面是可以发现员工的特点，根据员工特点决定培养方向，充分发挥员工个人长处，将个人和组织的发展目标有效地结合起来。

（4）控制功能

通过绩效管理,不仅可以把员工工作的数量和质量控制在一个合理的范围内，而且还可以控制工作进度和协作关系，从而使员工明确自己的工作职责，按照既有制度和规定做事，提高其工作的自觉性和纪律性。

（5）沟通功能

绩效考核结果出来以后，管理者需与员工进行谈话，说明考核的结果，听取员工的看法。这样就为上下级提供了一个良好的沟通机会，使上下级之间加深了解。

（三）绩效管理与绩效考核的区别

绩效管理是一个完整的系统，绩效考核只是这个系统中的一部分。绩效管理是一个过程，注重过程的管理；而绩效考核是一个阶段性的总结。绩效管理具有前瞻性，能帮助企业用前瞻性的思维看待问题，有效规划企业和员工的未来发展方向；而绩效考核则是评定过去一个阶段的成绩，不具备前瞻性。绩效管理有着完善的计划、有效的监督和控制方法，而绩效考核只是提取绩效信息的一个手段。绩效管理注重能力的培养，而绩效考核则只注重成绩的好坏。绩效管理能建立经理与员工之间的绩效合作伙伴关系，而绩效考核则使经理与员工之间形成了一定的对立关系。

第二节　绩效管理、绩效计划、绩效考核及结果反馈

一、绩效管理的理论基础

组织公平感理论作为绩效管理的理论基础，是一种相当理性的激励理论。有人称组织公平感理论为社会比较理论，或称交换理论，该理论所讨论的重心在于报酬，认为报酬是行为的重要激励因素。组织公平感理论中对员工行为与报酬关系的分析，对绩效管理实践具有很大的借鉴作用。

1967年，美国学者亚当斯提出组织公平感理论，主要研究社会收入公平的合理性问题，其假设前提是人总爱进行比较，并且期望得到公平的待遇。公平理论认为，人能否受到激励，不但要根据他们得到了什么而定，还要根据他们所得与别人所得是否公平而定。公平理论的基本观点是，当一个人做出了成绩并取得了报酬以后，他不仅关心自己所得报酬的绝对量，而且关心自己所得报酬的相对量。因此，他要通过进行种种比较来确定自己的所得报酬是否合理，比较的结果将直接影响其今后工作的积极性。

人们不仅会将自己的报酬与别人的报酬进行比较，而且会同时比较双方得到的报酬与付出的贡献之间所形成的比例。报酬包括收入、晋升机会、假期、各种

津贴等；贡献则包括时间、精力、经验和能力等。

组织公平感理论的内容可以划分为两个层面：第一个层面就是组织公平的客观状态（无绝对的公平）；第二个层面就是对组织的公平感，即组织成员对组织公平的主观感受，基本内容分为分配公平感、程序公平感和互动公平感。

（一）分配公平感

员工总是将产出（即从组织得到的回报）与自己对组织的投入（包括个人拥有的技能、努力、经验等）比例，与他人的产出和投入比例进行比较。当比例相等时，个人体验到公平；当比例不相等时，就会产生不公平感。

1. 公平的标准及比较结果

横纵向比：$O_p/I_p=O_c/I_c$。其中，O_p 为自己对个人所获报酬的感觉；O_c 为自己对他人（过去）所获报酬的感觉；I_p 为自己对个人所作投入的感觉；I_c 为自己对他人（过去）所作投入的感觉。

三种比较结果：①前项＜后项。自己的报酬与贡献的比例比别人低，产生委屈感（产生不公平感的主要根源），对工作产生不良感应。最主要的表现是消极怠工，寻求第二职业。有时也会采取发牢骚和自我心理调整的方法。②前项＝后项。双方报酬与贡献的比例相当，感到得到了公平的待遇，产生公平感。③前项＞后项。自己的报酬与贡献的比例比别人高，这也是一种不公平，但自己乐于接受，对方难以接受，自己会产生负疚感。如表4-1所示。

表4-1 分配公平感比较

觉察到的比例比较（p为某员工，c为参照对象）	员工的评价
$O_p/I_p<O_c/I_c$	不公平（报酬过低，不满意）
$O_p/I_p=O_c/I_c$	公平（满意）
$O_p/I_p>O_c/I_c$	不公平（报酬过高，乐于接受）

2. 公平比较的对象

一般有三种比较对象，即他人、制度、自我。自我（内部）：员工在同一组织内不同职位上的经验。自我（外部）：在不同组织中工作得到的收益，如不在此公司，而在其他公司中可能得到的报酬。他人（内部）：与自己所在的组织中的其他同事进行比较。他人（外部）：与在不同组织中工作的人进行比较。

制度是指员工所在组织中的工资政策、支付报酬的程序和运作方式。组织中的工资政策，不仅指文件规定的等级工资规定，而且包括种种不成文的规定。

3. 当员工感到不公平时，通常会采取的行动

改变自己的投入（如不再那么努力）；改变自己的产出（如降低质量，只单纯增加产量）；改变自我认知（比如，发现自己做得比其他人努力多了）；改变对他人的看法（如"他原来并不是那么努力"）；选择另一个参照对象（如"比上不足，比下有余"）；离开工作场所（如辞职、调换工作）。

（二）程序公平感

程序公平是一种针对事件处理过程的制度设计，其目的是保障公平的实现。它要求处理事件程序的设计者在考虑、综合影响这种过程的各种因素之后，制定一套能保证实现透明与公正的制度，从而使事件当事者与利益攸关方能在同一个程序中的合法权益得到保障；要求事件处理过程中的制度是开放与透明的；要求在事件处理过程中，当事方与利益攸关方的地位是平等的。

程序公平有6条规则：一致性规则，即分配程序对不同的人员或在不同的时间应保持一致性；避免偏见规则，即在分配过程中管理者应该摒弃个人的私利和偏见；准确性规则，即应依据正确的信息进行决策；可修正规则，即决策应有可修正的机会；代表性规则，即分配程序能代表和反映所有相关人员的利益；道德与伦理规则，即分配程序必须符合道德与伦理标准。程序公平原则涉及分配制度的制定、执行和完善，是对程序公平的比较系统和全面的评价。规则的合理性，大体反映着一个社会公平和正义的实现情况。政策、制度、机制等，不仅是人们判断公平的重要依据和基本尺度，也是保障社会公平的现实安排。

（三）互动公平感

互动公平包括两个部分：一种是"人际公平"，指在执行程序或决策时，上级对下属是否有礼貌，是否尊重对方等；另一种是"信息公平"，指在执行程序或决策时，是否给当事人传达了应传达的信息。互动公平感主要是指社会成员在各级管理者与其平等沟通时产生的主观感受，即管理者是否尊重下属，是否以平等的态度、行为与下属进行互动，相关的信息披露是否与下属进行了共享。

影响互动公平感的因素，首先是领导者的行为和态度，只有领导者将自己和社会成员放在同等的地位，设身处地与社会成员进行沟通，才会使员工认为自己得到了组织及其管理者的公平对待，会以加大对组织的投入作为回报。其次，人

们的文化价值观也是影响互动公平感的因素。在以个人主义文化价值观为导向的一些西方国家，人们通常认为企业按绩效分配报酬是公平的；在以集体主义文化价值观为导向的一些东方国家，人们通常认为平均的报酬分配形式更为公平。最后，人们的个体情况是影响互动公平感的又一个因素，性别、年龄、能力、教育背景和社会地位的不同，往往使人们对组织公平产生不同的评判标准。

二、绩效计划

（一）绩效计划概述

1. 绩效计划的定义

制订绩效计划是整个绩效管理过程的开始。制订绩效计划，要通过上级和员工的共同讨论，确定员工的绩效考核目标和绩效考核周期。对绩效计划的定义，我们可以从以下几方面进行理解。第一，绩效计划是对整个绩效管理过程的指导和规划，是一种前瞻性的思考。第二，绩效计划包含以下内容，即员工在考核周期内的绩效目标体系（包括绩效目标、指标和标准），绩效考核周期，员工在绩效考核周期内应从事的工作和采取的措施，对绩效跟进、绩效考核和绩效反馈阶段的工作所做的规划和指导。第三，绩效计划必须由员工和管理者双方共同参与，绩效计划中有关员工绩效考核的事项，如绩效目标等，需经双方共同确认。第四，绩效计划应该随着外界环境和企业战略的变化而随时进行调整，不能墨守成规。

2. 绩效计划的作用

绩效计划对于整个绩效管理工作和组织的发展具有重要影响，主要体现在以下几个方面：制订行动计划，指导整个绩效管理环节的有效运行；增强后续工作的计划性，有效减少浪费；设定考核指标和标准，有利于组织对员工工作运行监控和指导，同时也为考核工作提供了衡量标准；员工通过参与计划的制订，可增强自身责任感；绩效计划是将组织战略目标和员工的考核指标相结合的重要环节，只有经过这一环节，才能使绩效考核和绩效管理工作上升到组织战略的高度，有助于组织战略目标的实现。

（二）绩效计划的主要内容

绩效计划的主要内容包括绩效考核目标体系的构建、绩效考核周期的确定和对绩效管理其他环节工作的初步规划。这里，我们仅就绩效考核目标体系的构建和绩效考核周期的确定两部分内容进行阐述。此处所讲的绩效考核目标体系也就是绩效指标体系。

1. 绩效考核目标

绩效考核目标也叫绩效目标，是对员工在绩效考核期间工作任务和工作要求所做的规定，是对员工进行绩效考核时的依据。绩效目标由绩效内容和绩效标准组成。

（1）绩效内容

绩效内容规定了员工的工作任务，也就是说员工在绩效考核期间应当做哪些工作，它包括绩效项目和绩效指标两个部分。

绩效项目是指绩效的维度，也就是说要从哪些方面来对员工的绩效进行考核。绩效的维度，即绩效考核项目有三个，包括工作业绩、工作能力和工作态度。

绩效指标是绩效项目的具体内容，它可以理解为是对绩效项目的分解和细化。例如，对于某一职位，工作能力这一考核项目就可以细化为分析判断能力、沟通协调能力、组织指挥能力、开拓创新能力、公共关系能力以及决策行动能力这六项具体指标。

对于工作业绩，设定指标时一般要从数量、质量、成本和时间四个方面进行考虑；对于工作能力和工作态度，则要根据具体情况具体对待，根据各个职位不同的工作内容来设定不同的指标。绩效指标的确定，有助于保证绩效考核的客观性。确定绩效指标时，应当注意以下几个问题。

①内涵明确、清晰。应对每一个绩效指标规定明确的含义，以避免不同的评价者对指标的内容产生不同的理解，从而减少评价误差的产生。绩效指标的表达应明确、清晰，用于定义绩效指标的名词应准确，没有歧义，使评价者能够轻松地理解指标含义，不会有模棱两可的感觉。

②具有独立性。各个绩效指标尽管有相互交叉的内容，但各个指标一定要有独立的内容，有独立的含义。

③具有针对性。绩效指标应针对某个特定的绩效目标，并反映相应的绩效标准。因此，应根据岗位职能所要求的各项工作内容及相应的绩效目标和标准来设定每一个绩效指标。

④易于衡量。绩效指标应当有利于以最有效的方式来提供关于绩效的必要

信息，设计绩效指标时应当将成本、准确性和所需数据的可获得性等问题考虑在内。

（2）绩效标准

设定了绩效指标之后，就要确定绩效指标达成的标准。绩效标准是对员工工作要求的进一步明确，即对员工绩效内容做出明确的界定，规定员工应当怎样来做或者做到什么程度。

确定绩效标准时，应当注意以下几个问题。

①绩效标准应当明确。按照目标激励理论的解释，目标越明确，对员工的激励效果就越好，因此绩效标准应当具体清晰，不能含糊不清，这就要求我们尽可能地使用可量化的标准。

②绩效标准应当适度。制定的标准要具有一定的难度，但需是员工经过努力可以达到的，通俗地讲就是"跳一跳可以摘到桃子"。目标太容易或者太难，对员工的激励效果都会大大降低，因此绩效标准应当在员工可以达到的范围内确定。

③绩效标准应当可变。这包括两层含义。一是指对于同一个员工来说，在不同的绩效周期，随着外部环境的变化，绩效标准也要随之变化，例如，对于空调销售员来说，由于销售有淡季和旺季之分，因此淡季的绩效标准就应当低于旺季的销售标准。二是指对于不同的员工来说，即使在同样的绩效周期，由于工作环境不同，绩效标准也有可能不同。仍以空调销售员为例，有两个销售员，一个在昆明工作，一个在广州工作，由于气候原因，昆明的人们对空调基本上没有需求，而广州的需求则比较大，因此这两个销售员的绩效标准就应当不同，在广州工作的销售员的绩效标准就应当高于在昆明工作的销售员。

（3）绩效目标的"SMART"原则

在进行绩效目标的设定时，一般需要遵循以下五个原则，简称"SMART"原则。

第一，目标明确具体原则（Specific）。绩效目标必须是具体的，以保证其具有明确的引导性。由于每位员工的具体情况不同，绩效目标要明确地、具体地体现管理者对每一位员工的绩效要求。

第二，目标可衡量原则（Measurable）。绩效目标必须有明确的衡量指标。所谓衡量，就是指可以在员工的实际表现与绩效目标之间进行比较。

第三，目标可达成原则（Attainable）。绩效目标必须是可以达到的，避免

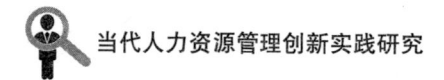

员工因指标无法达到而产生挫败感，但这并不否定绩效目标应具有挑战性。

第四，目标相关原则（Relevant）。绩效目标必须具有相关性，它必须与公司的战略目标、部门的任务及职位职责相联系。

第五，目标时间原则（Time-based）。绩效目标的设定必须是以时间为基础的，即绩效目标必须有明确的时间要求。

2. 绩效考核周期

绩效考核周期也叫绩效考核期限，是指多长时间对员工进行一次绩效考核。由于绩效考核需要耗费一定的人力、物力，因此考核周期过短会增加企业管理成本；但是，绩效考核周期过长又会降低绩效考核的准确性，不利于员工工作绩效的提升，从而影响到绩效管理的效果。因此，在准备阶段，还应当确定合理的绩效考核周期。

在确定绩效考核周期时，要考虑以下几个因素。

（1）职位的性质

不同职位的工作内容是不同的，因此绩效考核的周期也应当不同。一般来说，基层职位的工作绩效比较容易考核，考核周期相对要短一些，如工人的考核周期相对就应当比管理人员的短。其次，营销职位的工作绩效对企业整体绩效的影响比较大的，考核周期相对要短一些，这样有助于及时发现问题并进行改进，如销售职位的绩效考核周期相对就应当比后勤职位的短。

（2）指标的性质

不同的绩效指标，其性质是不同的，考核的周期也应当不同。一般来说，性质稳定的指标，考核周期相对要长一些；相反，考核周期相对就要短一些。例如，员工的工作能力比工作态度相对稳定一些，因此能力指标的考核周期相对比态度指标的考核周期就要长一些。

（3）标准的性质

在确定考核周期时，还应当考虑绩效标准的性质，就是说在考核周期内应当保证员工经过努力能够达到标准，这一点其实是与绩效标准的适度性联系在一起的。例如，"销售额为50万元"这一标准，通常需要2周左右的时间才能达到，如果将考核周期定为1周，员工根本就无法达到标准，如果将考核周期定为4周，又太过容易达到标准，因此这两种考核周期的设定对员工的绩效考核都是没有意义的。

三、绩效考核的方法

（一）系统的绩效考核方法

1. 目标管理绩效考核法

（1）目标管理概述

目标管理是一种程序或过程，是指组织中最高管理者根据组织需要及组织所面临的内外部形势，制定出在一定时期内组织经营活动所需达到的总目标，然后由组织内各部门和员工根据总目标来确定各自的分目标，并在获得适当资源配置和授权的前提下积极主动地为各自的分目标努力，从而使组织的总目标得以实现，并把目标完成情况作为考核依据的管理模式。

目标管理的设计思想是通过有意识地为员工设立一个目标，来对员工的工作表现产生有利影响，进而达到提升企业绩效的效果。其核心是围绕组织战略，通过上下级管理人员与员工进行充分沟通，共同制定组织目标，并把组织目标经过层层分解，具体展开至组织的每个部门、每个层次、每个成员，明确规定每个单位、部门、层次和成员的奖励和报酬标准。

目标管理的实质是绩效价值向导，即让整个公司、各个部门、每个人事先有明确的量化指标，事中检查考核，事后奖罚兑现，以目标来激励成员的自我管理意识，调动成员行动的自觉性，充分发挥成员的智慧和创造力，以期成员与企业最终形成同命运、共呼吸的共同体。

在目标管理系统中，需要注意三方面：其一，要确定具体的、有一定难度的、客观的目标。例如，一家财务服务公司在其目标管理系统中所确定的目标。其二，目标管理系统中所使用的目标通常不是由管理层单方面确定的，而是由管理者及其下属人员共同制定的。其三，管理者在整个评价期间通过提供客观反馈的方式来监控员工达到目的。

目标管理的全过程可分为组织目标制定、目标实施、目标完成情况的检查和考核三个关键环节。

大量研究表明，目标管理作为一种绩效评估工具，其优点是十分明显的。它通过目标的制定，将员工的工作与组织的战略目标联系在一起；通过指导和监控员工行为来保证其工作的有效性，提高员工工作绩效。通过反馈，使员工知道组织对他们的期望和要求是什么，从而引导他们将时间和精力最大限度地投入有利于组织目标实现的行为上来。目标管理的另一个优点是，由于它所依赖的是客观

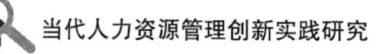

的、可以量化的绩效考核指标，因而比较具有公平性，易于被管理者和员工双方接受。

（2）目标管理考核法操作流程

①建立员工工作目标列表。员工工作目标列表的编制由员工及其上级主管共同完成。目标的实现者同时也是目标的制定者，这样有利于目标的实现。

②明确业绩衡量方法。一旦某个目标被确定用于绩效考核，必须收集相关的数据，明确如何以该目标衡量业绩，并建立相关的机制。

③实施业绩评价。在考核期末，对员工的业绩进行评价，并提出下一时期的目标。

2. 关键业绩指标绩效考核法

（1）关键业绩指标概述

关键业绩指标（Key Performance Indication，KPI）是通过对组织内部某一流程的输入端、输出端的关键参数进行设置、取样、计算、分析，衡量流程绩效的一种目标式量化管理指标，是把企业的战略目标分解为可运作目标的工具，是企业建立完善的绩效评估体系的基础，是管理中"计划—执行—评价"中的"评价"部分，是反映个体与组织关键绩效贡献的评价依据和指标。首先，战略制定必须形成清晰的业务模式和可行的达成路径并据此形成可衡量的KPI体系来进行战略的表述、澄清和沟通；其次，战略落实中的组织结构设计和流程重整，也必须通过KPI体系来实现，为资源配置提供依据；最后，战略跟踪与反馈也必须借助KPI体系，以促成个人和组织绩效的提升。

（2）KPI考核法操作流程

①明确企业总体战略目标。根据企业的战略方向，从增加利润、提升盈利能力、提高员工素质等角度出发确定企业的战略重点，并通过对KPI的设计方法进行分析，从而明确企业总体战略目标。

②确定企业的战略子目标。将企业的总体战略目标按照内部的某些主要业务流程分解为几项主要的支持性子目标。

③整合与分析内部流程。以内部流程整合为基础进行KPI设计，使员工知道自己是为哪一个流程服务的，以及对其他部门乃至企业的整体运作会产生什么样的影响。进行KPI细化的前提是进行内部流程的整合与分析。

④提取部门KPI。通过对组织架构与部门职能进行了解，对企业战略支目标进行分解，在分解的同时，要注意根据各个部门的职能对分解的指标进行调整和

补充，并兼顾其与部门分管上级的指标关联度。

⑤形成 KPI 体系。根据部门 KPI、业务流程以及各岗位的工作说明书，对部门目标进行分解。根据岗位职责对个人 KPI 进行修正与补充，建立企业目标、流程、职能与职位相统一的 KPI 体系。

3. 平衡计分卡绩效考核法

（1）平衡计分卡概述

平衡计分卡是一种先进的绩效评估工具，它从财务、顾客、内部流程和学习与成长四个维度，将企业的战略目标转化为一套系统的绩效评估指标。平衡计分卡将企业的愿景、使命和发展战略与企业的业绩评价系统联系起来，并把企业的使命和战略转变为具体的目标和评测指标，以实现战略和绩效的有机结合。平衡计分卡以企业战略为基础，并将各种衡量方法整合为一个有机的整体，它既包含传统绩效考核的财务指标，又通过增加顾客满意度等业务指标来补充说明财务指标，使整个绩效考核体系更趋完善。

（2）平衡计分卡考核法的操作流程

①建立企业的远景和战略任务。通过调查采集企业各种相关信息资料，运用态势（Strengths，Weaknesses，Opportunities，Threats，SWOT）分析、目标市场价值定位分析等方法对企业内外部环境和现状进行全面系统的分析，进而确立企业的愿景和战略任务。

②就企业远景规划和战略任务达成共识。与企业所有员工进行沟通交流，使其对企业的远景规划和战略任务达成共识。根据企业的战略，从财务、客户、内部运营、学习发展四个方面设定具体的绩效考核指标。

③量化考核指标的确定。为上述四个方面找出具体的、可量化的业绩考核指标。

④企业内部的沟通与教育。加强企业的内部沟通，利用各种信息传输渠道和手段，如刊物、宣传栏、电视、广播、标语、会议等，将企业的远景规划与战略构想对全体员工进行深入传达，并把绩效目标以及具体的衡量指标逐级落实到各级部门，乃至基层的每一位员工。

⑤绩效目标值的确定。确定每年、每季、每月业绩衡量指标的具体数字，并与企业的计划和预算相结合，将每年企业员工的浮动薪酬与绩效目标值的完成程度相挂钩，形成绩效奖惩机制。

⑥绩效考核制度的实施。为切实保障平衡计分卡考核制度能够顺利实施，应

当不断强化各项管理基础工作，完善人力资源信息系统，强化企业的定编、定岗、定员、定额工作，促进员工关系和谐，注重对员工的培训与开发。

⑦绩效考核指标的调整。考核结束后，及时汇报企业各个部门的绩效考核结果，听取员工的意见，通过评估与反馈分析，对相关考核指标做出调整。

（二）具体的绩效考核方法

1. 关键事件法

关键事件法要求管理者将每位员工在工作中所表现出来的代表有效绩效与无效绩效的具体事件记录下来。

这些事件可以被用来向员工提供明确的反馈，让员工清楚地知道自己哪些方面做得好、哪些方面做得不好。此外，这些事件还可以作为支持组织战略的关键事件与组织战略紧密联系起来。然而，许多管理者都拒绝每天或每周对其下属员工的行为进行记录。

关键事件法的优点是针对性强，不易受主观因素的影响。此考核方法是对事件进行记录，是对员工的工作素材进行积累。经过对事件信息进行归纳、整理和总结，得出可信的考核结果，从中看到被考核员工的长处和不足，如果将此信息反馈给员工，则有事实根据的信息易被考核员工接受，有利于员工今后继续发扬优点，改掉缺点，从而使工作能力得到提高。

关键事件法的缺点是，基层管理者的工作量较大，在实际考核过程中管理者往往很难做到不带有主观意识。

2. 民意测验法

民意测验法曾被各国采用。该方法是把考核的内容分为若干项，制成考核表，每项后面空出五个等级——优、良、中、及格、差，然后将考核表格在一定范围内发放。首先，由被考核者进行工作汇报，进行自我考核；其次，由参评人填好考核表；最后，算出每个被考核者的得分平均数，进而确定被考核者工作的等级。民意测验的参加人员，一般是被考核者的同事和直属下级，以及与其产生工作联系的其他人员。

此方法的优点是有群众基础，缺点是一般只能从下而上考核管理人员，缺乏由上而下的考核。由于群众素质水平存在一定局限性，可能会在掌握绩效考核标准方面存在偏差或非理性因素。在企业中，此方法一般作为绩效考核的辅助、参考手段。

3. 行为锚定等级评价法

行为锚定等级评价法（Behaviorally Anchored Rating Scale，BARS）建立在关键事件法基础之上。设计 BARS 的目的主要是，通过建立与不同绩效水平相联系的"行为锚定"来对绩效维度加以具体界定。比如，宾馆的客房服务员每天都必须按一定的程序和行为规范来打扫客房，被子怎么叠、桌子怎么擦、卫生间如何保洁都必须按规定操作。绩效评价的标准也是明确不变的，员工只有完成这些工作内容和程序才算达到绩效考核标准，少一道程序或有一项工作达不到要求，就要被扣分或受到相应处罚。在麦当劳、肯德基等连锁企业中，对员工行为进行绩效评价时常常采取这种方法。

在设计 BARS 之前，首先必须收集大量的代表工作中有效绩效和无效绩效的关键事件，然后再将这些关键事件划分为不同的绩效等级，那些被专家们认为能够很好地代表某一绩效水平的关键事件将会被用来作为指导评价者行为的事例。管理者的任务就是根据每一个绩效维度来考核员工的工作，然后以"行为锚定"为指导来确定在每一绩效维度中哪些关键事例是与员工的情况最为相符的，并对员工行为进行评价，这种评价就形成员工在这一绩效维度的得分。

行为锚定法的优点是，它可以通过提供一种精确、完整的绩效维度定义来提高评价者的评价信度；缺点是它在信息回忆方面存在偏见，只有那些与"行为锚定"最为相近的行为才更容易被回忆起来。

4. 硬性分布法

硬性分布法也被称为登记分配法，是指考核者将被考核对象按照一定的比例分配到数量有限的几种类型或等级中去。在考核时，考核者按照预先设定的比例来进行分配。例如，优秀者占 10%，良好者占 25%，合格者占 50%，有待提高者占 10%，不合格者占 5%。

这种方法基于一个假设的理想状态，也就是所有小组中都有表现优秀、合格、较差的员工。可以想象，如果一个部门员工的整体工作质量与能力都表现良好的话，部门经理会很难给出考核结果，难以决定谁的考核结果为不合格。

5. 360 度考核法

360 度考核法也称为全方位考核法、多视角考核法，是一种通过多种信息渠道收集员工的绩效信息，并进行综合评估、提供反馈的方法。360 度考核法与传统自上而下反馈的考核方式的本质区别就是其信息来源具有多样性，从而保证了

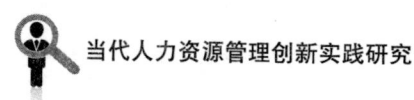

反馈的准确性、客观性和全面性。

360度考核法的核心在于通过获得和使用高质量的反馈信息，支持与鼓励员工不断提高自己的工作能力和工作绩效，以使组织最终实现发展的目的。

360度考核的优点主要体现在以下方面。

①考核具有公正性、真实性、客观性、准确性、可信性，能够减少考核误差，考核结果相对有效。

②可以让员工感到企业重视绩效管理。

③可以激励员工提高自身各方面的素质和能力。

360度考核的缺点主要体现在以下方面。

①考核成本高。

②考核参照标准不确定，使得考核只关注一般特质。

③考核以个体记忆为基础，不能真实反映被考评者过去的工作行为。

④考核者不能观察到被考评者的全部工作行为，容易以偏概全。

⑤如果实施不当，可能造成紧张气氛，影响员工的工作士气。

实施360度考核法时，应注意以下几点。

①取得高层领导的支持与配合，在公司内部倡导一种变革、创新、竞争和开放的文化，让员工从观念上接受360度考核。

②加强宣传和沟通，对考核者进行有效培训，讲清考核的意义，了解考核目的，消除考核中的人为因素。

③结合企业实际，遵循最近相关原则、有机结合原则和经济可行原则合理选择考核主体，力争以最小的成本实现对考核主体客观公正的考核。

④考虑文化差异的影响，结合中国实际设计本土化的考核指标。

⑤考核完毕后，应及时将考核结果反馈给员工，指导其改进工作中的不足之处，促进员工不断成长，进而提高工作绩效。

四、绩效反馈及结果运用

实施阶段结束以后，接着就是反馈阶段，这一阶段主要是完成绩效反馈的任务，也就是说上级要就绩效考核的结果和员工进行面对面的沟通，指出员工在绩效考核期间存在的问题，并共同制订绩效提升计划。为了保证实现绩效提升，上级还要对改进计划的执行效果进行跟踪。此外，还需要根据绩效考核的结果对员工进行相应的奖惩。由此可见,绩效反馈并不仅仅是将绩效考核的结果反馈给员工,更重要的是使上级和员工共同探讨绩效不佳的原因,并制订绩效提升计划;同时,在绩效考核结果出来以后,企业还需要利用考核结果对员工进行相应的奖惩,制定人事决策。综合来说,这个过程涉及绩效反馈、绩效考核结果的运用两个方面,而绩效考核结果的运用又包括两方面的内容,即绩效改进和相关人事决策的制定。

(一) 绩效反馈

1. 绩效反馈面谈的准备工作

为了确保绩效反馈面谈达到预期的目的,管理者和员工双方都需要做好充分的准备。

(1) 管理者应做好以下准备

①选择适当的面谈主持者。面谈主持者应该由人力资源部门或高层管理人员担任,而且最好选择那些参加过绩效面谈培训、掌握相关技巧的高层管理人员,因为他们在企业中处于关键位置,能够代表企业组织的整体利益,可以促使员工吐露心声,从而有助于提高面谈的质量和效果。

②选择适当的面谈时间和地点。由于面谈主要是针对员工绩效结果来进行的,所以一般情况下,可选择在绩效考核结束后,在得出明确的考核结果且准备较为充分的情况下及时地进行面谈。

③熟悉被面谈者的相关资料。面谈之前,面谈者应该充分了解被面谈员工的各方面情况,包括教育背景、家庭环境、工作经历、性格特点以及职务和业绩情况等。

④计划好面谈的程序和进度。面谈者事先要将面谈的内容、顺序、时间、技巧等计划好,自始至终地掌握好面谈的进度。

(2) 员工应做好以下准备

①回顾自己在一个绩效周期内的行为态度与业绩,收集准备好相关绩效的证明数据材料。

②对自己的职业发展有一个初步的规划,正视自己的优缺点。

③总结并准备好在工作过程中遇到的相关问题,反馈给面谈者,请求组织的理解帮助。

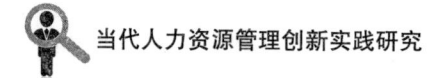

2. 绩效反馈面谈的实施

（1）面谈与反馈的内容

面谈的内容主要是讨论员工工作任务的完成情况，并帮助其分析工作成功与失败的原因，确定下一步的努力方向，同时提出解决问题的意见和建议，求得员工的认可和接受。谈话中应注意倾听员工的心声，并对涉及的客观情况表示理解。对敏感问题的讨论应集中在缺点上，而不应集中在个人身上。要最大限度地维护员工的自尊，使员工保持积极的情绪，从而使面谈达到预期目的。

（2）面谈结束后的工作

在面谈结束后，要做两方面的工作。

①对面谈信息进行全面的汇总记录。将面谈的内容信息详细列出，如实地反映员工的情况，同时绘制出一个员工发展进步表，帮助员工全面了解自己的发展状况。

②采取相应对策提高员工绩效。面谈的结果应该有助于提高员工的绩效。经过面谈，一方面，对于员工个人来说，可以正确了解到影响自己绩效的因素，增强提高绩效的信心和责任感；另一方面，企业全面掌握了员工心态，可据此进行综合分析，结合员工的各方面原因，有的放矢地制订员工的教育、培养和发展计划，真正帮助员工找到提高绩效的对策。

3. 绩效反馈应注意的问题

（1）绩效反馈应当及时

在绩效考核结束后，上级应当立即将绩效考核的结果向员工进行反馈。绩效反馈的目的是指出员工在工作中存在的问题，从而促进他们在以后的工作中加以改进。如果反馈滞后，员工在下一个考核周期内还会出现同样的问题，这样就达不到绩效管理的目的。

（2）绩效反馈要指出具体的问题

绩效反馈是为了让员工知道自己到底什么地方存在不足，因此反馈时不能只告诉员工绩效考核的结果，而是应当指出具体的问题。例如，反馈时不能只告诉员工"你的工作态度不好"，而应该告诉员工具体哪里做得不好，比如"你的工作态度很不好，在这一个月内你迟到了10次""上周开会时讨论的材料你没有提前阅读"。

（3）绩效反馈要指出问题出现的原因和改进建议

绩效反馈除了要指出员工的问题外，还应当和员工一起找出出现这些问题的原因，并有针对性地制订改进计划，帮助员工确定目标，提出实现这些目标的措施和建议。

（4）绩效反馈不能针对人

在反馈过程中，针对的只能是员工的工作绩效，而不能是员工本人，要避免使员工产生抵触情绪，影响反馈的效果。例如，不能出现"你怎么这么笨""别人都能完成，你怎么不行"之类的话。

（5）注意绩效反馈时要运用说话技巧

由于绩效反馈是一种面谈，因此说话方式会影响反馈的效果。绩效反馈时应当运用一定的说话技巧。在进行面谈时，首先，要消除员工的紧张情绪，营造融洽的谈话气氛；其次，在反馈过程中，应当以正面鼓励为主，不指责、不批评、不评价员工的个性与习惯，同时语气要平和，不能引起员工的反感；再次，要给员工说话的机会，允许他们解释，绩效反馈是一种沟通；最后，控制好面谈时间，一般掌握在20—40分钟为宜，该结束的时候一定要结束。

4.绩效反馈效果的衡量

在绩效反馈结束以后，管理者还必须对反馈的效果加以衡量，以提高反馈效果。在衡量反馈效果时，应考虑以下问题。

①此次反馈是否达到了预期的目的？
②下次反馈时，应当如何改进谈话的方式？
③有哪些遗漏必须加以补充？有哪些无用的内容必须删除？
④此次反馈对员工改进工作是否有帮助？
⑤反馈是否增进了双方的理解？
⑥对于此次反馈，自己是否感到满意？
⑦对此次面谈的总体评价如何？

对于得到肯定回答的问题，在下一次反馈中就应当坚持采取相关方法；对于得到否定回答的问题，在下一次反馈中就必须对相关方法加以改进。

（二）绩效考核结果的运用

总体而言，绩效考核结果的运用包括两个层次的内容：一是改进作用，即对绩效考核的结果进行分析，诊断员工存在的问题，找到产生问题的原因，制订绩效提高计划，帮助员工提高绩效；二是管理作用，即根据绩效考核结果做出相关的人力资源管理决策。

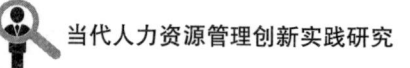

为了便于考核结果的运用，往往需要计算出最后的考核结果，并将结果区分成不同的等级。当用于不同的方面时，绩效项目在最终结果中所占的权重也应当有所不同。一般来说，用于改进时，工作业绩和工作态度所占的比重应当相对较高；用于管理时，工作业绩和工作能力所占的比重要相对较高。例如，规定绩效考核结果用于奖金分配和工资调整时，在最终结果中，工作业绩占60%，工作态度占30%，工作能力占10%；而用于职位调整时，工作业绩占50%，工作能力占40%，工作态度占10%。

此外，还要将最终计算出的考核结果划分成不同的等级，据此给予员工不同的奖惩，绩效越高，给予的奖励就要越大；绩效越低，给予的惩罚就要越大。例如，在百分制下，规定90分以上为A等，80—89分为B等，70—79分为C等，60—69分为D等，59分以下为E等。用于工资调整时规定：考核结果为A等的，工资增长10%；为B等的，工资增长为5%；为C等的，工资不变；为D等的，工资下调4%；为E等的，工资下调8%。用于职位调整时规定，连续三年为C等以上的才有资格晋升。

1. 绩效改进

绩效管理的根本目的是不断提高员工和企业的绩效，以实现企业的发展目标，所以利用绩效考核结果来帮助员工提高绩效，是考核结果运用的一个非常重要的方面。绩效改进是一个包括一系列活动的过程：首先，分析员工的绩效考核结果，明确其中存在的不足和问题；其次，由管理者和员工一起对绩效问题进行分析，找出导致绩效不佳的原因；再次，和员工进行沟通，针对存在的问题制订绩效改进目标和绩效改进计划，并与员工达成共识；最后，以绩效改进计划补充绩效计划，进入下一个绩效考核周期，适时指导和监控员工的行为，与员工保持沟通，帮助员工顺利执行绩效计划。

（1）绩效诊断

绩效诊断包括两层内容：指明绩效问题和分析问题出现的原因。绩效诊断通过绩效反馈面谈来实现。绩效反馈面谈，即让员工接受绩效反馈，提高员工对绩效的重视程度；也让企业在面谈中获得员工的意见和反馈。诊断员工的绩效问题通常有两种思路：第一，从知识、技能、态度和环境四个方面着手分析绩效不佳的原因；第二，从员工、主管和环境三个方面来分析绩效问题。不管用哪种方法，都要全面地分析导致员工绩效不佳的原因。

（2）制订绩效改进计划

在绩效改进过程中，员工和直属上级都扮演着非常重要的角色。员工个人对自己的绩效负有责任，应尽力提高自己的绩效，以胜任工作岗位的职责要求；直属上级也应该对员工提供指导和支持，以帮助员工顺利提高绩效。

（3）指导和监控

在制订好绩效改进计划后，员工进入下一个绩效考核周期，管理者在这个过程中要不断与员工进行沟通，适时向员工提供指导和帮助，帮助员工克服改进过程中所遇到的困难，避免员工再次出现偏差，确保在下一个绩效考核周期中，员工的绩效能够顺利实现提升。

2. 做出人力资源管理决策

将绩效考核结果作为依据，根据绩效考核结果做出的人力资源管理决策包括四个方面的内容。第一，薪酬奖金的分配。按照强化理论的解释，当员工的工作结果或行为符合企业的要求时，应当给予正强化，以鼓励这种结果或行为；当工作结果或行为不符合企业的要求时，应当给予惩罚，以减少这种结果或行为的发生。因此，企业应当根据员工绩效考核的结果给予他们相应的奖励或惩罚。最直接的奖惩就体现在薪酬的变动中，一般来说，为增强薪酬的激励效果，员工的报酬中有一部分是与绩效挂钩的，当然，不同性质的工作，挂钩的比例有所不同。比如，根据绩效的好坏来调整薪资待遇或给予一次性奖金鼓励等，这样有助于员工继续保持努力工作的状态。第二，职务的调整。绩效考核结果是员工职位调动的重要依据，这里的调动不仅包括纵向的升降，也包括横向的岗位轮换。如果员工在某岗位上绩效非常突出，则可以考虑将其适当地调到其他岗位上锻炼或担负更重要的工作任务；如果员工不能胜任现有的工作，在查明原因后可以考虑将其调离现有岗位，去从事他能够胜任的工作。另外，对于调换多次岗位都无法达成绩效标准的员工，则应该考虑解聘。第三，员工培训。培训的目的包括两方面：帮助员工提高现有的知识和技能，使其更好地完成目前岗位的工作；开发员工从事未来工作的知识与技能，以更好地胜任将要从事的工作。绩效考核结果正好可以为员工的培训与开发提供依据，根据员工现任工作的绩效，决定让员工参与何种培训。第四，员工的职业生涯规划。根据员工目前和长期以来的绩效水平，和员工协商制订长远的绩效与能力提升的系统计划，明确其在企业中的发展途径。

第三节　绩效管理中的问题

一、企业员工绩效管理中常见问题

（一）绩效管理目的不明确

强大的定式思维使许多管理者对绩效管理的认知产生偏差，他们错误地把绩效管理的重心放在监督、控制和约束员工的工作行为上，而不是思考怎样能够帮助员工提高工作能力、激发个人潜能。他们局限于人力资源管理中的业绩结果评价，忽视建立沟通机制、提高经营管理水平，从而形成了"重过去、轻未来，重约束、轻激励，重评价、轻沟通"的局面。

很多企业在绩效管理中常常轻视绩效考核的导向作用，有的企业在绩效考核中欠缺操作性强的合理标准；有的企业对考核结果不懂得如何利用；有的企业在绩效管理中过分强调指标的全面完整性，忽视了关键性指标的权重，使得绩效管理用力平均，核心和重点工作不突出；有的企业忽视绩效沟通和反馈作用，在工作中实施单向管理方式，缺少互动，使绩效考核的导向作用被大大弱化。

（二）绩效管理体系不完善

首先，考核指标设置简单。很多企业往往从传统的"德、能、勤、绩"几方面来制定简单、宽泛、通用的评价标准，指标体系中缺乏针对不同职位、不同岗位的个性化指标，造成考核体系目标模糊、内容片面，导致考核结果不客观，最终企业战略目标与员工个人发展目标难以和谐统一。其次，主观随意性强。很多企业大多采用家长式的管理，绩效考评的内容、指标及权重等方面带着明显的个人色彩，缺乏科学性的指标体系，难以保障企业管理制度的连续一致。最后，考评主体较为单一。在很多企业中，绩效考评的实施者往往是老板和中高层管理者，有的是由人力资源部门全面负责所有岗位的考评工作。过于单一的考评主体使考评结果容易受到信息不对称、信息反馈不完整、个人感情或偏好等因素的影响而失去准确性。

（三）缺失绩效沟通与反馈机制

很多企业的绩效管理就是简单地填写和上报各种考评表，既没有在考核前向员工传达考核的内容和标准，也没有听取员工对考核的意见和建议，更没有在考核后将考核结果及时告知员工。绩效沟通与反馈机制的缺失使绩效考评结果不仅无法发挥引导作用，还削弱了其激励效果，使员工工作能力得不到提高，甚至导致员工的工作目标与企业的战略目标相偏离，使绩效管理的成效大打折扣。

（四）缺乏有效的激励机制

很多企业的激励杠杆作用发挥得不充分，有时无法达到激励员工的目的。出现这种情况的原因主要在于以下几方面。一方面，企业过度依赖组织中的各种管理程序和管理制度来约束、控制员工；另一方面，员工缺少学习的动力和机会，这样会直接影响员工的工作主动性和积极性，导致员工发展内动力不足、绩效水平不高。此外，企业在激励手段的运用方面，较多采用加薪的方法，而较少考虑员工的精神需求等较高层次的需要，单一、低层次的激励机制难以持续发挥激励作用。

（五）正面企业文化支持不足

企业中影响个体努力程度的因素既有外因也有内因。内因主要是指个人生存和发展的需要；而外因主要就是指企业文化影响作用。此外，企业文化也有正面文化和负面文化之分，一些企业虽然制定了各种完善的管理制度却得不到很好的执行，例如在严格规章面前，员工都以一种事不关己的态度旁观，十分重要的原因就是受到了"负面"企业文化的影响。低执行力、低忠诚度的企业文化是绩效管理实施的巨大障碍。

（六）缺乏正确的绩效管理观念

在绩效管理实施过程中，大部分的国有企业在管理观念上都存在一定的偏差，认为这只是人力资源部门的事情，与其他的部门以及其员工没有直接的关系，这种错误的观念，导致管理者欠缺绩效管理的方法和沟通技巧，这也使得员工不能认识到绩效管理的重要性。

二、信度与效度的问题

人力资源部门经常会遇到这样的状况，每当业绩考核结束，总会有一部分员工指责业绩考核不公平，不能反映员工业绩的真实情况，而主管部门往往也很难做出具体、合理的解释。这时就要强调绩效考核的信度和效度。

（一）信度和效度的基本概念

信度是指考核结果的一致性和可靠性，具体是指绩效考核的随机误差的大小，当系统误差很小时，随机误差的大小决定信度的高低（随机误差越大，考核信度越低）。衡量绩效考核的信度主要有重测信度、复本信度、内在一致性系数和评分者信度四种指标。

效度是指绩效考核结果与要考核内容的相关程度。一般而言，考评效度越高，其信度也就越高，而信度高，其考评效度未必高，因此效度是考核的中心问题。效度的种类很多，目前常见的有内容效度、结构效度和效标关联效度。

（二）绩效考评精确性影响因素

1. 评价源与绩效考核的信度和效度

绩效考核的评价源一般有上级、同事、下级、自我和客户五种，从理论上讲，如果不同评价源拥有相同的评价信息，那么对同一个人的评价结果应该是一致的。但是许多研究和实践都表明，不同评价源对同一个人的评价结果相关度很低，这不仅是因为处于不同地位的评价源对不同类型的信息有不同的优势，更是因为不同评价源在评价时的认知过程和信息处理过程不同。研究表明，评价依据的信息类型的差异、认知错误和动机错误的差异，是不同评价源评价结果产生差异的主要原因。

2. 绩效考核的目的与绩效考核的信度和效度

近年来，研究者提出了对绩效考核本质的另外一种看法，认为它是一种管理过程，考核的目的才是影响考核准确性的更重要原因。

绩效考核的目的主要有三个。一是战略目的。通过绩效考核将员工的工作活动与组织的目标联系起来，确保员工的工作态度、工作行为和工作结果能够促使组织战略目标有效实现。二是管理目的。组织在管理员工过程中需要运用绩效考核信息，绩效考核的目的之一就是为这些管理决策提供有价值的信息。三是开发目的。绩效考核的另一个目的是通过绩效考核发现员工的不足之处，对员工进行进一步的开发，从而有效提高员工的工作绩效。绩效考核的目的直接决定绩效考核技术、考核程序、考核内容的选择和确定，从而影响绩效考核的信度与效度。

（三）提高绩效考核信度与效度的对策

1. 选择正确的考核工具及应用多种考核方法

考核工具在整个绩效管理与绩效考核系统中都处于核心地位，开发或选择那些清晰、直截了当的绩效考核工具对提高整个绩效考核的精度有着重要的意义。绩效考核工具是工业组织心理学家关心和研究的焦点，他们通过大量的研究工作为企业中的人力资源管理者开发了多种高效的绩效考核工具。另外，每一种考核方法都有自身的缺点和优点，在实际应用中，我们可以采用多种方法弥补单一考核方法存在的缺陷。

2. 培训考核者

绩效考核是一种高度感情化的过程，在考核过程中考核者难免会受心理的主观因素影响，导致考评出现误差。比较常见的误差有"晕轮效应""近期误差""居中趋势""偏松偏紧倾向"等。减少考核者主观因素造成误差的办法是对考核者进行培训。现在很多组织已经开发出大量的考核者培训项目，例如让培训者观看一些员工实际工作情况录像，然后要求培训者对这些员工的工作绩效进行评价，并让培训者进行绩效评价讨论，分析误差是如何产生的。实际情况表明，这种方法对减少考核误差是非常有效的。

3. 运用多源评价法

为了更好地利用各种评价源的优点，采用多源评价法是一种比较科学的选择。360度绩效考核法是目前运用较广的一种多源评价法。360度绩效考核是一个组织或企业中各级了解和熟悉被评价对象的人员，以及与其经常接触的内部人员和外部人员，对其绩效、重要的工作能力和特定的工作行为与技巧提供客观、真实的反馈信息，帮助其找出组织及个人优势与发展需求的过程。很多实践研究都证明了360度绩效考核所提供的信息较为有效。

4. 进行科学的工作分析

工作分析的一个基本作用是使人力资源工作人员开发出考核尺度，从而方便人们去考评自己和他人的绩效。美国的法律规定企业的绩效考核工具必须依据工作分析，大量由员工向法院提起的由绩效考核导致的歧视案件迫使企业为绩效考核的标准寻找合理合法的依据。

总之，绩效考核的信度和效度越高预示着该考核系统越能精确地测量出员工的工作绩效。在实际工作中,我们一方面要了解影响绩效考核系统精确性的种种因素,尽量控制和缩小考核中的误差,提高精确性;另一方面要避免陷入单纯追求考核系统精确性的误区。很多在心理学上被证明是合理的考核量表并没有被广泛使用,就是因为这些量表没有考虑组织的具体环境。有效的绩效考核系统必须在精确性和实用性两者间达到很好的平衡。

第五章 薪酬管理创新

本章为薪酬管理创新,第一节是对薪酬管理进行概述,第二节介绍薪酬管理的内容,第三节对员工福利管理与规划展开讨论,第四节介绍现代薪酬管理创新的相关内容。

第一节 薪酬管理概述

一、薪酬的含义及功能

(一)薪酬的概念

"薪酬"一词指组织对使用劳动力应给予的回报与酬劳。"薪酬"在英语中直接对应的词汇是"compensation",意为弥补、补偿,隐含着交换的意思,指的是组织以金钱或其他形式对劳动者所付出劳动的补偿,具体包括工资、奖金、津贴以及其他形式的各种回报。目前对于薪酬概念的界定通常可以划分为三种类型。

第一种是窄口径的界定,即薪酬仅包括货币性薪酬(基本薪酬和可变薪酬),不包括有形服务和福利部分。

第二种是中等口径界定,即薪酬包括货币性薪酬和有形服务及福利部分。

第三种是宽口径的界定,即薪酬是指与工作有关的所有"收益",既包括货币性薪酬,又包括有形服务和福利,还包括工作挑战和晋升机会、工作环境,以及氛围等个人对工作的感受。

从目前理论界和实务界的观点来看,人们越来越习惯运用对薪酬的窄口径界定。在运用薪酬相关概念时,往往将货币性的薪酬部分和福利部分统称为总薪酬,并且将货币性薪酬称为直接薪酬,将福利部分称为间接薪酬,同时将直接薪酬划分为基本薪酬和可变薪酬两个部分。

而在本章中，我们也将采取对薪酬窄口径的界定方式，即薪酬仅仅包括直接的货币性薪酬（其中包括基本薪酬和可变薪酬两部分），而不涉及福利及与工作有关的诸如晋升机会、融洽的工作氛围等其他部分。

在现实中，我们还会遇到与薪酬概念类似的"报酬"概念。通常情况下，将员工为某个组织工作而获得的所有员工自身认为有价值的东西统称为报酬。一般而言，报酬通常分为经济报酬和非经济报酬。经济报酬概念通常就是本章中所指的中等口径的薪酬概念，经济报酬包括货币性薪酬和福利；而非经济报酬则包括富有挑战性的工作、工作环境、成长发展机会以及工作的便利性等。图 5-1 表示的是报酬与薪酬的关系。

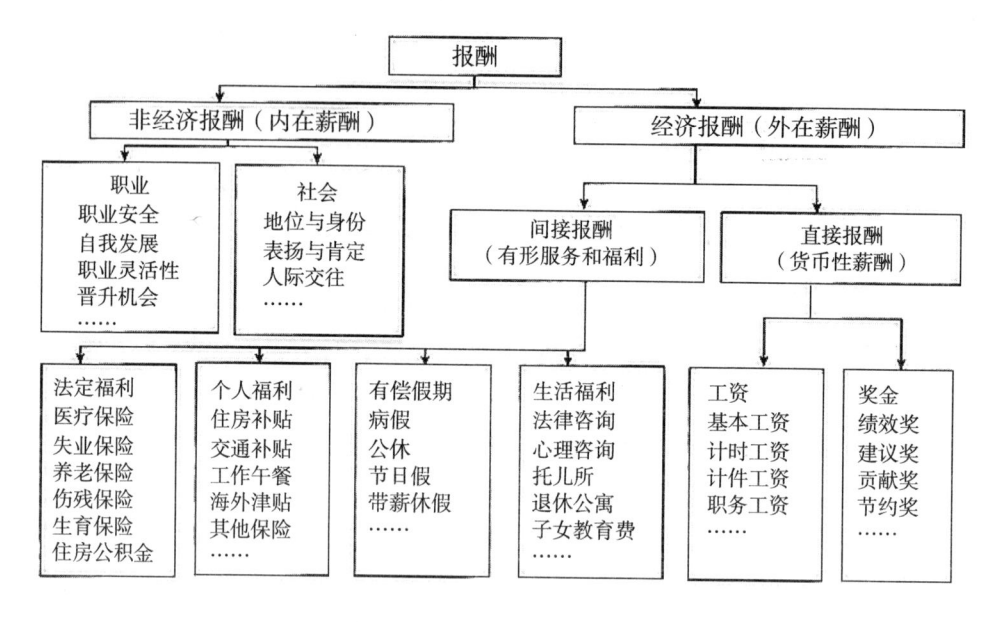

```
                            报酬
              ┌──────────────┴──────────────┐
       非经济报酬（内在薪酬）              经济报酬（外在薪酬）
        ┌─────────┴─────────┐             ┌──────┴──────┐
      职业                 社会          间接报酬       直接报酬
     职业安全          地位与身份      （有形服务和福利） （货币性薪酬）
     自我发展           表扬与肯定
     职业灵活性         人际交往
     晋升机会
      ……                ……

  法定福利    个人福利    有偿假期    生活福利    工资      奖金
  医疗保险    住房补贴    病假        法律咨询    基本工资  绩效奖
  失业保险    交通补贴    公休        心理咨询    计时工资  建议奖
  养老保险    工作午餐    节日假      托儿所      计件工资  贡献奖
  伤残保险    海外津贴    带薪休假    退休公寓    职务工资  节约奖
  生育保险    其他保险    ……          子女教育费  ……       ……
  住房公积金  ……                     ……
```

图 5-1 报酬与薪酬的关系

（二）薪酬的功能

薪酬是员工因向所在的组织提供劳务而获得的各种形式的酬劳，对于组织而言是一项支出，而对于员工而言则是付出劳动之后所得到的收入。所以，我们需要从企业和员工两个视角对薪酬的功能加以理解。

1. 企业视角

（1）支持组织战略，实现组织经营目标

一般情况下，组织首先需要制定组织战略。组织选择哪个行业进入？组织如何在这个行业中赢得竞争优势并保持竞争优势？组织中的人力资源政策如何设计？组织如何设计合理的薪酬体系来使员工行为与组织目标保持一致？在制定组织战略时，这些问题都需要考虑。如果组织选择的是差异化战略，在设计薪酬体系时要重视对产品创新和研发部门人员给予足够的奖励，使其基本薪酬高于市场水平，以帮助组织吸引勇于创新的人才。如果组织采取的是低成本战略，那么在设计薪酬体系时，要尽量控制劳动力成本的支出，采取措施提高可变薪酬部分在薪酬构成中所占的比例。如果组织采取的是以顾客为中心的战略，那么在设计薪酬体系时往往应将顾客的满意度作为薪酬支付的依据，根据顾客对所提供服务质量的评价来支付奖金等。

（2）塑造组织文化，支持组织变革

众所周知，薪酬会对员工的工作态度和行为产生很强的引导作用。因此，设计合理和富有激励性的薪酬体系有助于塑造良好的组织文化。如果组织采用的是以个人绩效为基础的可变薪酬，那么组织会强化个人主义，使员工之间崇尚独立和竞争，容易形成个人英雄主义文化。如果组织采用的是群体奖励的薪酬体系，那么组织会更加强调团队意识及员工的合作精神，使得整个组织更加具有凝聚力，从而形成一种团队文化。同时，薪酬作为一种强有力的激励手段和沟通工具，有利于促使员工对变革接受和认可，从而推动组织变革。

2. 员工视角

（1）保障和激励功能

在经济社会中，薪酬是绝大多数劳动者的主要收入来源，为满足人们的衣食住行提供了最基本的保障。除此之外，还为人们教育投入、自我提升以及休闲娱乐等方面提供了一定保障。从心理学的角度分析，如果员工的薪酬需求得不到基本满足，则很容易产生员工工作效率低、组织凝聚力下降等现象；如果员工的薪酬需求能够得到满足，则员工的工作积极性将会提升、员工关系将会融洽，薪酬对员工的激励作用也就加大。

（2）信号功能

薪酬具有社会信号功能，它在一定程度上体现个人在组织以及社会中所处的地位。也就是说，员工的薪酬水平向社会传递着一种信号，人们根据这种信号来大体判断员工的职业、受教育程度、生活状况等。同时，在组织内部，员工的薪酬水平也往往代表着员工在组织内部的地位和层次，成为员工能力的一种体现。

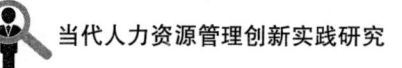

另外，员工的薪酬水平也在一定程度上反映了组织的企业文化、战略选择以及财务状况。

二、薪酬管理的含义及其基本目标

（一）薪酬管理的含义

薪酬管理，是在组织发展战略指导下，对薪酬策略、薪酬水平、薪酬结构进行确定的动态管理过程。

在现代企业管理中，所谓薪酬管理是指一个组织根据所有员工所提供的服务来确定他们的报酬总额以及报酬结构的一个过程。在这个过程中，企业就薪酬水平、薪酬体系、薪酬结构以及特殊员工群体的薪酬水平做出决策。同时，企业还要持续不断地制订薪酬计划，拟订薪酬预算，就薪酬管理问题与员工进行沟通，同时对薪酬系统的有效性做出评价并不断予以完善。

薪酬管理对一个组织来说是一个比较棘手的问题，主要是因为企业的薪酬管理系统一般要同时达到公平性、有效性和合法性三大目标。企业经营对薪酬管理的要求越来越高，薪酬管理受到的限制因素也越来越多，除了基本的企业经济承受能力外，还涉及企业不同时期的战略、内部人才定位、外部人才市场以及行业竞争者等方面。

薪酬管理与人力资源管理中的其他工作相比，有一定的特殊性，具体表现在以下三个方面。

（1）敏感性

薪酬管理是人力资源管理中最敏感的部分，因为它牵涉公司每一位员工的切身利益，薪酬直接影响他们的生活水平。另外，薪酬水平是员工在公司工作能力和水平的直接体现，员工往往通过薪酬水平来衡量自己在公司中的地位。

（2）特权性

薪酬管理是员工参与最少的人力资源管理项目，几乎是公司领导者的一个特权。

（3）特殊性

每个公司的薪酬管理都存在一定差别。另外，由于薪酬管理本身就有多种类型，如岗位工资型、技能工资型、资历工资型、绩效工资型等，因此不同公司之间的薪酬管理几乎没有参考性。

（二）薪酬管理的基本目标

要想薪酬发挥应有的作用，薪酬管理应达到三个目标，即效率目标、公平目标、合法目标。达到效率目标和公平目标，就能促使薪酬激励作用的发挥，而合法性是薪酬管理的基本要求。

1. 效率目标

效率目标包括两个层面，从产出层面来看，薪酬管理能给组织绩效管理带来最大价值；从投入层面来看，需实现薪酬成本控制，薪酬效率目标的本质是用适当的薪酬成本给组织带来最大的价值。

2. 公平目标

公平目标包括三个层次，即分配公平、过程公平、机会公平。

（1）分配公平

分配公平是指组织在进行人事决策、制定各种奖励措施时，应符合公平性要求。如果员工认为受到不公平对待，将会产生不满情绪。

分配公平分为自我公平、内部公平、外部公平三个方面。自我公平即员工获得的薪酬应与其付出成正比；内部公平即同一企业中，不同职务的员工获得的薪酬应与其各自对企业做出的贡献成正比；外部公平即同一行业、同一地区或同等规模的不同企业中相似职务的薪酬应基本相同。

（2）过程公平

过程公平是指在进行任何奖惩决策时，组织所依据的决策标准或方法应遵循公平性原则，应保证程序公平一致、标准明确、过程公开。

（3）机会公平

机会公平指组织赋予所有员工同等的发展机会，包括组织在决策前与员工进行沟通、组织在决策时考虑员工的意见、主管考虑员工的立场、建立员工申诉机制等。

3. 合法目标

实现合法目标是企业薪酬管理的最基本前提，要求企业实施的薪酬制度符合国家、省区的法律法规、政策条例要求，如不能违反最低工资制度、法定保险福利制度、工资指导线制度等。

三、薪酬管理的地位和作用

（一）薪酬管理的地位

薪酬管理在现代企业的人力资源管理中占有重要地位，合理的薪酬制度不仅能吸引外部人才，还能有效地激励内部员工，开发员工的潜力，使员工在企业里的价值不断提升，使人才能够发挥更多的潜能。

1. 薪酬管理在人力资源规划中的地位

薪酬管理在人力资源规划中的地位主要体现在人力资源供求平衡方面，薪酬政策的调整是调节内部人力资源供给需求的重要手段，如果增加加班工资，则可以促进员工增加加班时间，从而增加人力资源供给量，当然这需要对正常工作时间内的工作严加控制。

2. 薪酬管理在招聘录用中的地位

薪酬管理对招聘录用工作有着重要的影响。薪酬是员工选择工作时考虑的重要因素之一，较高的薪酬有利于吸引应聘者，从而提高招聘效果。

3. 薪酬管理在绩效管理中的地位

薪酬管理与绩效管理之间是一种相互影响的关系。一方面，绩效管理是薪酬管理的基础，激励薪酬制度的实施需要对员工的绩效做出准确的评分；另一方面，针对员工的绩效表现及时给予不同的激励薪酬，也有助于增强激励的效果，确保绩效管理的约束性。

4. 薪酬管理在劳动关系中的地位

在组织的劳动关系中，薪酬问题是最主要的问题之一，劳动争议也往往是由薪酬问题引起的，因此，有效的薪酬管理能够减少劳动纠纷，建立和谐的劳动关系。此外，薪酬管理也有助于塑造良好的企业文化，维护稳定的劳动关系。

（二）薪酬管理的作用

1. 增强组织赢利能力

薪酬对劳动者来说是报酬，对于组织来说却意味着成本。虽然当今社会的人力资源管理理念不是简单地以成本角度来看待薪酬，但保持先进的劳动生产率，有效地控制人工成本，发挥既定薪酬的最大作用，对于增加组织利润、增强组织赢利能力具有直接作用。

2.杠杆激励

采用浮动薪酬和绩效薪酬制度，对绩效结果优良的员工进行有效激励。

3.留住企业核心员工

在遵循外部公平、内部公平、个人公平的原则下，实现对薪酬的合理规划，为留住企业核心员工打下坚实基础。

4.吸引外部优秀人才

薪酬管理对吸引外部优秀人才发挥重要作用。

5.改善经营绩效

好的员工和员工良好的状态是任何企业实现经营战略成功的基石，也是企业达到优良经营绩效的基本保障。薪酬对员工的工作行为、工作状态以及工作业绩具有直接影响，不仅决定了企业可以招募到的员工的数量和质量，还决定了企业中的人力资源存量，而且影响员工的工作效率、对组织的归属感等方面，从而直接影响企业的生产能力和生产效率。

6.塑造企业文化

薪酬会对员工的工作行为和工作态度产生很强的引导作用，因此，合理的和富有激励性的薪酬制度会有助于企业塑造良好的企业文化，或者对已经存在的企业文化起到积极的强化作用。但是，如果企业的薪酬政策与企业文化或价值之间存在冲突，那么它对企业文化和企业的价值观会产生消极影响，甚至会导致原有的企业文化土崩瓦解。

7.支持企业变革

随着经济全球化的程度不断加深，企业一方面要重新设计企业发展战略、重建组织结构，另一方面要变革企业团队建设，更好地满足客户的需求，使企业对市场和客户的反应更加迅速。然而，这些都离不开高效的薪酬管理体系，因为薪酬可以通过作用于员工个人、工作团队和企业整体来营造与变革相适应的内部和外部氛围，从而有效地推动企业变革。

四、薪酬管理的相关理论

（一）现代西方工资决定理论

1.边际生产力工资理论

19世纪末，西方经济学领域发生了一场著名的"边际革命"，杰文斯和门格尔两位经济学家同时提出了边际效用理论，该理论成为现代西方经济学的主要理论基础。以边际理论为基础，美国著名经济学家约翰·贝茨·克拉克首先提出了边际生产力工资理论。直至今日，该理论仍是最广泛流行的工资理论之一。

边际生产力工资理论提出的前提是在一个充满竞争的静态社会中，这个静态社会有以下特征。

①在整个经济社会中，不论是产品市场还是要素市场均是完全自由竞争的市场，价格和工资不由政府或串通的协议操纵。

②假定每种生产资源的数量是已知的，顾客的爱好或者工艺的状态都没有发生变化，即年年都是用相同的方法生产出同等数量的相同产品。

③假定资本设备的数量是固定不变的，但是这些设备的形式可以改变，可以与可能得到的任何数量的劳动力进行最有效的配合。

④假定工人可以相互调配，并且具有同样的效率。也就是说，完全没有分工，对同行业的工人只有单一的工资率，而不是多标准的工资率。

在静态社会这一理论前提下，克拉克认为，劳动和资本是两个重要的生产要素，每个要素的实际贡献量随其投入量而变动，并且呈边际收益递减的趋势。我们可以用劳动边际生产力递减规律来解释工资水平，用资本边际生产力递减规律来解释利息水平。

劳动边际生产力递减是指随着工人的人数不断增加，刚开始产量会增加，但人数增加到一定数量后，每增加一个工人，工人所分摊到的设备数量减少，从而每一单位劳动力的产品数量将减少，追加的新工人的边际生产力将递减，最后增加的工人的边际生产力最低。

根据边际生产力工资理论，工资取决于劳动的边际生产力，换句话说，工资是由投入的最后一个劳动单位所产生的边际产量决定的，雇主雇用的最后那个工人所增加的产量等于付给该工人的工资。当工人所增加的产量大于付给他的工资时，企业愿意继续增加工人，只有在工人所增加的产量等于付给他的工资时，雇主才不再多雇用工人。这是因为企业的目的是获得最大收益，如果再增加工人，该工人所增加的产量就会小于付给他的工资，企业将没有收益。比如，在雇用4个员工之前，产量递增；超过4个员工后，产量递减；直至雇用第9个员工时，产量最小，企业就不再雇人，也不再减人。

2.集体谈判工资理论

集体谈判是指以工会为一方，以雇主或雇主组织为另一方，双方进行的谈判。

早在18世纪，亚当·斯密等经济学家就注意到了在劳动力市场上集体交涉对工资决定的影响，但是并没有对其重视。第二次世界大战后，工会在西方发达国家迅速发展，工会对工资决定的影响也越来越大。集体谈判工资理论认为，在一个短时期内，工资的决定取决于劳动力市场上劳资双方在谈判中交涉力量的对比。在工业化初期，工资谈判是个别雇员与雇主之间进行的，由于工人的相互竞争，所以单个工人无法遏制工资水平的下降。随着工业社会的发展，雇用单位和雇员之间的谈判力量出现组合与分化，双方工资谈判日益趋向于以集体方式进行。工会成为劳动力供给的垄断者，工会的壮大有效地阻止了工人之间的恶性竞争，工会能够控制劳动力的供给量和工资量。所以，集体谈判工资理论实际上也是强调工会作用的工资理论。工会提高工资的方法一般有四种：限制劳动供给、提高工资标准、改善对劳动的需求、消除雇主在劳动力市场上的垄断。

3. 人力资本理论

人力资本理论不属于工资决定理论，但它对工资具有一定影响。20世纪60年代美国经济学家西奥多·舒尔茨和加里·贝克尔创立了人力资本理论，该理论认为人的劳动能力不是与生俱来的，而是通过家庭和社会的培养以及个人的努力，通过大量稀缺资源的投入而形成的，劳动者之间不会由于遗传的原因而具有同样的才能。人的劳动能力同样也具有资本形态，是以资本存量的形式（包括劳动者的知识存量、技能存量和健康存量等）投入生产性活动。人力资本是通过人力资本投资形成的，人力资本投资是多方面的。

第一，有形支出。有形支出又称直接支出或实际支出，主要投资形式包括教育支出、保健支出、劳动力国内流动（移居）支出或用于移民入境支出（为了寻找工作）等，其中最主要的投资形式是教育支出。

第二，无形支出。无形支出又称机会成本，它是指投资期间不可能工作，至少不能从事全日制工作。

第三，心理损失。心理损失又称精神成本或心理成本，它是指诸如学习艰苦、寻找职业令人乏味和劳神、迁移需要远离朋友等。

（二）对劳动力供求模型的理论修正

劳动力供给与需求模型虽然证明了在劳动力市场中薪酬水平与劳动力供求关系之间存在经济依存关系，但它难以解释个别企业或劳动者所做出的决策和选择。

1.对劳动力需求模型修正的三种理论

在现实中，为什么不同的企业支付给同种职位员工的薪酬是不同的？为什么某个企业支付的薪酬比市场平均薪酬还要高？为了解释这种现象，专家们从单个企业的角度，对传统经济模型进行了修正，提出了薪酬差异、效率工资和信号工资三种理论。这几种理论修正并说明了为什么一些企业的薪酬水平会高于或低于市场薪酬水平，从而揭示了单个企业薪酬决策的动机和内涵。

（1）薪酬差异理论

亚当·斯密认为，每个人必须综合考虑"不同工作的利与弊"，在此基础上进行薪酬决策，谋求"纯收益"最大化服务。如果某项工作具有负面特性，企业就必须支付更高的薪酬来弥补。这些负面特性包括培训费用很高、工作安全性差、工作条件差、成功机遇少等。工作岗位的差异性说明了劳动力市场存在不同薪酬水平的基本原因。薪酬差异理论较难证明其可行性，因为控制参与纯收益计算的各种因素是比较困难的。

（2）效率工资理论

传统经济模型的基本假设是，企业只能够被动地接受市场决定的薪酬。效率工资理论不赞成这个基本假设。它认为有时企业支付的薪酬高于市场薪酬水平，这不仅不会增加劳动成本，反而会降低劳动成本。利用高薪酬提高企业效益的方式包括以下几种：①吸纳高素质应聘人员；②减少跳槽人数，降低员工的流失率；③员工对企业的高度认同感，会促使员工更加努力地工作；④因为被解雇的代价增加，工人会尽量避免"怠工"；⑤减少管理及其相关人员的配备。前四种方法通过提高劳动生产率来补偿增加的劳动成本；而最后一种方法是从外延上提高了劳动生产率。效率工资理论的基本假设是薪酬水平决定员工的努力程度。同薪酬差异理论一样，该理论成为企业薪酬决策的重要依据。国外的许多薪酬专家对效率工资理论进行了研究。他们的研究成果表明，员工的薪酬越高，"怠工"率就越低。失业率越高，员工找另外一份工作的困难越大，"怠工"率也就越低。因此，研究者得出了利用高薪降低怠工率的结论，但他们不能确定怠工率降低的收益是否足以弥补薪酬增加的成本。

（3）信号工资理论

信号工资理论是对劳动力需求模型进行的另一种修正，它不但能解释薪酬水平的差异，而且能解释企业为什么设计低于市场薪酬水平的薪酬。企业战略是企业未来的行动指南，信号工资理论指出，企业可有意地将薪酬决策纳入组织发展战略，如果有两种薪酬决策，一种是基本工资低于市场工资率，但奖金丰厚，培训机会多；另一种是基本工资与市场工资率相当，但它没有与业绩挂钩的奖金，那么这两种薪酬决策将向应聘者发出不同的信号，吸纳不同的应聘者。例如，基本工资低而奖金高的企业，给应聘者一个明确信号，即希望员工勇于承担风险。应聘者可以通过该企业的相对薪酬水平，来推测此岗位的情况，如工作任务、工作条件、责任权限、同事关系等。

大量的研究资料表明，薪酬水平是吸纳应聘者的一个重要因素。一项对即将离校的毕业生的薪酬意向调查说明，除了薪酬水平之外，还有很多其他的薪酬因素影响着他们的工作选择。他们倾向于寻找薪酬水平高的工作，同时还要考虑企业薪酬的具体形式，如绩效工资、激励工资、福利保险等。该项调查还根据毕业生的个性特征，将他们分为物质型、冒险型、自信型、保守型等多种类型。

信号工资理论也对劳动力供给模型做出同样的修正和解释。例如，学业成绩突出、训练有素或工作经验丰富的应聘者，也会给潜在的雇主传递"我正是企业所需要的优秀人才"这样的信息，甚至可能与企业发出的信号一样确切。因此，人力资本（学历、技能、工作经验）、薪酬水平（领先、相当、滞后）和薪酬混合体（奖金、福利）都可作为某种信号，帮助员工与企业进行信息交流。

2. 对劳动力供给模型修正的三种理论

当研究的视角从劳动力需求模型转向劳动力供给模型时，即以员工为重点而不以企业为重点对薪酬决策进行分析时，出现了三种微观工资修正理论，即保留工资理论、劳动力成本理论和岗位竞争理论，这些理论进一步证明了影响员工应聘的决策行为的因素都有哪些。

（1）保留工资理论

许多薪酬专家把薪酬描绘成"不得不支付的薪酬"。他们认为，在应聘者心里都有一个工资底线，即保留工资，若某项工作的工资低于保留工资，那么不管这项工作的其他方面多么诱人，他们都将拒绝接受它。如果某项工作提供的薪酬没有达到他们的最低标准，那么该项工作的其他任何方面都不能弥补这个缺陷。应聘者的保留工资可能会比市场工资率高，也可能会比市场工资率低。保留工资理论试图解释员工对各种薪酬差异的反应。

（2）劳动力成本理论

劳动力成本理论也许是解释薪酬差异的最有影响的经济理论。它的理论前提是，通过自我投资（如教育、培训、经验）来提高工作能力的人将获得更高的薪酬。该理论假设人们得到的薪酬都是边际产品的价值，培训投资或身体素质投资可以提高个人的工作能力，从而增加个人的边际产品价值，个人获得技能和能力需要花费时间、金钱或利用各种资源。

（3）岗位竞争理论

岗位竞争理论与人力资本理论在某种程度上有些相似，它们都意味着劳动力供给的减少会导致企业劳动力成本的增加。劳动力成本理论认为，企业劳动力成本增加的直接原因是薪酬水平提高，而工作岗位竞争理论则认为，劳动力成本增加的直接原因是企业必须承担额外的培训费用。岗位竞争理论认为，在劳动力市场上，劳动者并不是为薪酬而竞争，因为每一岗位的薪酬都已经预先规定。应聘者凭自身条件参与岗位的竞争。应聘者为增加自己的就业机会，必然会努力地不断提升自我，从而导致竞争者之间形成激烈竞争。

影响企业获得劳动力的其他因素还有很多，如工作之间流动的地理障碍、工会的要求、职位空缺信息的不对称、工作风险大小和失业率等。

总之，劳动力供求是决定企业薪酬水平的主要因素。然而，任何企业都必须有足够的收入来支付各种费用。因此，企业的薪酬水平受其产品或劳务在市场上竞争力的影响。可见，产品市场状况在很大程度上决定企业的支付能力。

影响产品市场的两个关键因素是产品市场的竞争程度和市场对产品的需求。这两个因素都影响着企业按正常价格出售产品和劳务的能力。如果价格不变，销售量下降，收入减少，那么企业支付更高薪酬的能力就会受到限制。

劳动力市场状况为企业的薪酬水平画了一条最低线，而产品市场又为企业的薪酬水平画了一条最高线。如果企业的薪酬水平超过最高线，那么它必须提高产品价格，把薪酬水平的超出量转嫁到顾客身上；或在产品原有价格不变的状况下，从总收入中拨出更多的份额作为劳动成本。

第二节 薪酬管理的内容

概括来说，薪酬管理的内容包括薪酬制度设计和薪酬日常管理两个方面。薪酬制度设计主要是指薪酬策略设计、薪酬体系设计、薪酬水平设计、薪酬结构设计等。薪酬制度设计是薪酬管理中最基础的工作，如果薪酬制度有问题，企业薪酬管理就将无法实现预定目标。薪酬日常管理是由薪酬预算、薪酬支付、薪酬调整组成的循环模式,这个循环可以称为薪酬成本管理循环。薪酬制度建立起来后,应密切关注薪酬日常管理中存在的问题,及时调整公司薪酬策略,调整薪酬结构以及薪酬体系以实现薪酬目标,从而保证公司发展战略的实现。薪酬管理具体包括以下内容。

一、环境分析

环境分析就是通过调查分析,了解企业所处的内外环境的现状和发展趋势,它是薪酬管理的前提和基础。环境分析是一项复杂而重要的工作。说它复杂是因为企业所处的环境非常复杂,企业所处的环境不仅包括由经济、社会、生活水平、国家政治法律、产业政策、劳动供给和失业率等因素构成的外部环境,还包括由企业的性质、规模、发展阶段、企业文化、组织结构、工作特征、员工素质等因素构成的内部环境,而且每一种环境因素又处于一种动态的发展过程之中。这就要求企业不仅要清楚这些环境因素的现实状况,还要根据环境因素变化的规律对其未来的情况做出准确的预测。

环境分析是薪酬管理的首要步骤,它为后面几个步骤的进行提供了重要的基础性材料。所以,环境分析的质量直接影响到薪酬策略的选择、工作分析以及岗位评价等重要环节的工作质量。一个好的薪酬体系必须表现出自身与环境之间的动态适应性。可以说,薪酬环境分析关系到企业薪酬目标的实现。尤其对于那些处在创业期的企业,能否准确地分析和预测环境,不仅关系到能否吸引和留住人才,还决定着企业的发展命运。

二、岗位评价

(一)岗位评价的含义

岗位评价又称职位评估、工作评估或岗位测评,是在工作分析的基础上,对工作岗位的责任大小、工作强度、工作复杂性、所需人员资格条件等特性进行评价,以确定岗位相对价值的过程。在对企业所有岗位的相对价值进行科学分析的基础上,通过排列法、配对比较法和要素计点法等对岗位进行排序。岗位评价是薪酬管理的关键环节,应充分发挥薪酬机制的激励和约束作用,最大限度地调动员工的主动性、积极性和创造性。在设计企业的薪酬体系时就必须进行岗位评价。岗位评价解决的是薪酬的内部公平性问题。

（二）岗位评价的方法

1. 排列法

排列法是采用非分析和非定量的方法，由评定人员凭着自己的判断，不是将工作内容分解为组成要素，而只是根据工作岗位的相对价值按高低次序对工作岗位进行排列，从而确定某个工作岗位与其他工作岗位的关系。排列法是一种较简单、较易操作的岗位评价方法。

排列法的优点：①简便易行；②作为一个整体对各岗位进行评定，避免了因工作要素分解而引起的矛盾和争论；③直观，适用于岗位数量不多的测评。

排列法的缺点：①在工作岗位数量多且不相近时，难以找到熟悉所有工作内容的评定人员；②评价主观，缺乏严格、科学的评判标准，评价结果弹性大，易受到其他因素的干扰；③排列法本身并不能为等级划分提供依据，且无法衡量工作等级之间的差异程度；④只适用于生产单一且岗位较少的中小企业。

2. 配对比较法

配对比较法也称相互比较法，就是将所有要进行评价的岗位列在一起，进行两两配对比较，价值较高者可得 1 分，最后将各岗位所得分数相加，其中分数最高者即等级最高者，按分数高低顺序将岗位进行排列，即可划定岗位等级。通过计算平均序数，便可得出岗位相对价值的次序。

配对比较法的优点是相对比较全面，缺点是当岗位比较多时，工作量过大，且岗位之间可能不具有可比性，操作起来比较困难。

3. 要素计点法

（1）要素计点法的含义

要素计点法又称点数加权法或点数法，是目前大多数国家较常用的方法。这种方法预先选定若干关键性薪酬要素，并对每个要素的水平进行界定，同时给各要素水平赋予一定分值，这个分值也称为"点数"，然后根据这些要素"点数"对岗位进行评估，得出每个岗位的总点数。

（2）要素计点法的步骤

步骤一：确定和评价要素。选取报酬要素并对其进行定义，一般来讲，要素的数量在 5—15 个。报酬要素即各岗位中所包括的有助于组织目标实现的要素。常见的报酬要素有以下四种：工作技能、努力程度、工作责任和工作条件。通常情况下，在主要报酬要素选定以后，还会选择其相关子要素，如工作技能的子要素包括专业知识、技术水平、经验等。报酬要素选定以后，还要对报酬要素进行定义。

步骤二：划定评价要素等级。等级划分的依据是组织中各岗位在报酬要素上的差异程度。差异越大，则报酬要素的等级数量越多。

步骤三：确定评价要素比重，通常情况是设定全部要素占比为100%，各要素用百分比表示其占全部要素的权重。应根据各报酬要素在整个评价体系中的重要程度，确定其所占的百分比。

步骤四：各评价要素等级的点数配给。首先，要确定整个评价体系的总点数。一般来说，待评价的岗位数量越多，总点数就越大。然后根据各报酬要素所占权重，计算出各报酬要素相应的点数。最后确定每一报酬要素内部各等级的点值。这一过程可以采取经验判断的方法，但是为了保证评价的客观性，一般采用等比或等差等有规律的方法。

步骤五：运用报酬要素评价标准体系，评价各待评价岗位，并根据评价结果建立岗位等级结构。在进行评价时，评价者要考虑被评价的岗位在各个报酬要素上所处的等级，然后加总这些等级所对应的点数，得出该岗位所获得的总点数，即最终评价结果。待所有待评价岗位的总点数都计算出来以后，根据点数的大小对所有岗位进行排列。

（3）要素计点法的优点

要素计点法的优点：①主观随意性较小，可靠性强；②相对客观的标准使评估结果易被人接受；③通俗，易于推广。

（4）要素计点法的缺点

要素计点法的缺点：①费时，需投入大量人力；②要素定义和权重确定有一定技术难度；③方法并不完全客观和科学，要素的选择、等级的划分和要素权重的确定在一定程度上受主观因素的影响；④该方法适用于大型企业，对中小企业来说，可能不是最好的方法。

三、薪酬调查

薪酬调查指一个组织通过收集信息来判断其他组织所支付薪酬的状况的过程，这种调查能够向实施调查的组织提供市场上的各种相关组织（有时也包括竞争对手）向员工支付薪酬的水平和薪酬结构等方面的信息。

在薪酬体系设计之初，必须进行详细的薪酬市场调查，摸清行情，相机而动。

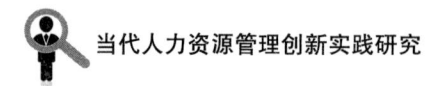

只有这样，才能保证薪酬体系的激励性和吸引力，才能真正发挥薪酬这把双刃剑的作用。

四、制定薪酬策略

薪酬策略是有关薪酬分配的原则、标准，以及薪酬总体水平的政策和策略。应在对组织环境进行系统分析的基础上，明确怎样的薪酬策略才符合企业的实际情况和企业战略的要求。企业首先必须在发展战略的指导下制定企业的薪酬策略，企业薪酬策略包含水平策略和结构策略两个方面。

（一）薪酬水平策略

薪酬水平是指组织整体平均薪酬水平，包括各部门、各岗位薪酬在市场薪酬中的位置。薪酬的水平策略主要是根据当地市场薪酬行情和竞争对手薪酬水平，来确定企业自身薪酬水平的策略。供企业选择的薪酬水平策略主要有以下几种。

1. 市场领先薪酬策略

采用这种薪酬策略的企业，薪酬水平在同行业中是处于领先地位的。市场领先薪酬策略一般基于以下几点考虑：市场处于扩张期，企业有较多的市场机会和较大成长空间，对高素质人才需求迫切；企业处于高速成长期，薪酬的支付能力比较强；企业在同行业的市场中处于领军地位；企业经济发展处于繁荣期。

2. 市场跟随薪酬策略

采用这种策略的企业，一般都确定了自己要跟随的标杆企业，企业的经营与管理模式都向标杆企业看齐，薪酬水平也跟标杆企业相差不多。在企业处于经济发展的平稳期，企业的战略为稳定战略的前提下，适合采用市场跟随薪酬策略。

3. 市场滞后薪酬策略

市场滞后薪酬策略即企业在制定薪酬水平策略时不考虑市场和竞争对手的薪酬水平，只考虑尽可能地节约企业生产、经营和管理的成本，这种企业的薪酬水平一般比较低。采用这种薪酬水平的企业一般实行成本领先战略，企业经济处于萧条期，企业处于初创或转型期，甚至处于衰退阶段。

4. 混合薪酬策略

混合薪酬策略就是在企业中针对不同的部门、不同的岗位、不同的人员，采用不同的薪酬策略。比如，对于企业核心岗位采用市场领先薪酬策略，而对于普通岗位采用非领先的薪酬水平策略。

企业要明确界定各类员工的薪酬水平，以实现员工与企业之间公平的价值交换，这是薪酬管理的重要内容。薪酬水平确定的基本原则是按照员工对企业的贡献确定不同的薪酬水平。同时，为了体现薪酬管理对外竞争性基本原则，还必须根据劳动力市场的供求关系以及社会消费水平的变化，及时对企业员工的总体薪酬水平适时地进行调整。

（二）薪酬结构策略

市场薪酬调查的目的就是为企业确定薪酬结构和薪酬水平提供参考。薪酬结构是薪酬体系的骨架，有广义和狭义之分。狭义的薪酬结构是指同一组织内部不同岗位薪酬水平的对比关系，广义的薪酬结构还包括不同薪酬形式在薪酬总额中的比例关系，如基本薪酬与可变薪酬、福利薪酬之间的不同薪酬组合。薪酬结构主要是指企业总体薪酬中所包含的固定薪酬（主要指基本工资）和浮动薪酬（主要指奖金和绩效薪酬）所占的比例。供企业选择的薪酬结构有以下几种。

1. 高弹性薪酬结构

高弹性薪酬结构是一种激励性很强的薪酬结构，绩效薪酬是薪酬结构的主要组成部分，基本薪酬等处于次要的地位，所占的比例非常低（甚至为零），即薪酬中固定部分所占比例比较低，而浮动部分所占比例比较高。在这种薪酬结构下，员工能获得多少薪酬完全依赖于工作绩效的好坏。当员工的绩效优秀时，薪酬则高；而当绩效差时，薪酬则低甚至为零。比如，保险业务一般采用这一薪酬结构。

2. 高稳定性薪酬结构

高稳定性薪酬结构是一种稳定性很强的薪酬结构，基本薪酬是薪酬结构的主要组成部分，绩效薪酬等处于次要的地位，所占的比例非常低（甚至为零），即薪酬中固定部分所占比例比较高，而浮动部分所占比例比较少。在这种薪酬结构下，员工的收入非常稳定，几乎不用努力就能获得全额薪酬，行政性工作岗位适合采用这一薪酬结构。

3. 调和型薪酬结构

调和型薪酬结构是一种既有激励性又有稳定性的薪酬结构，绩效薪酬和基本薪酬各占一定的比例。当两者比例不断调和变化时，这种薪酬结构可以演变为以激励为主的薪酬结构，也可以演变为以稳定为主的薪酬结构。

五、设定薪酬等级

从理论上来讲,薪酬曲线建立以后,基本薪酬的设计也就结束了,按照职位评价的结果,通过薪酬曲线就可以确定每个职位的基本薪酬水平。但是在实践中,这种做法是不现实的,尤其是当企业的职位数量比较多时,如果针对每个职位设定一个薪酬水平,会大大提高企业的管理成本。因此,在实际工作中,还需要建立薪酬等级,以简化管理工作。

为了建立薪酬等级,首先需要将职位划分成不同的等级,划分的依据是职位评价的结果。每一等级中的职位,其职位评价的结果应当接近或类似。

职位等级划分的数量取决于多种因素,例如,企业内部职位的数量、职位评价的结果、企业的薪酬政策等,但是一个基本的原则是应当能够反映出职位的价值差异。

职位等级确定以后,接着就要确定各个等级的薪酬变动范围,即薪酬区间。首先要确定薪酬区间的中值,某一等级的薪酬区间中值是由处于该等级中间位置的职位的薪酬水平决定的。如果某职位等级包括的点数范围是 50—150,那么处于该等级中间位置的职位对应的点数就是 100,将点数代入已建立的薪酬曲线方程,就可以得出它的薪酬水平,这也是该等级的薪酬区间中值。区间中值确定以后,还要确定区间的最高值和最低值,最高值=区间中值×(1+薪酬浮动率),最低值=区间中值×(1-薪酬浮动率)。薪酬浮动率指薪酬区间中的最高值或最低值偏离区间中值的比率,对于不同的等级,薪酬浮动率可以是相同的,也可以是不同的,企业应当根据自身的实际情况来确定这一比率的具体数值。一般来说,确定浮动率时要考虑几个主要因素,包括企业的薪酬支付能力、各等级之间的价值差异、各等级自身的价值、各等级的重叠度等。

有些企业为了进一步简化管理工作,又将每一个薪酬等级划分成若干个不同的级别,每个级别对应一个具体的薪酬数值。

重叠度指相邻两个薪酬等级的重叠情况,能够反映企业的薪酬战略及价值取向。一般说来,较低的薪酬等级之间重叠度较高,较高的薪酬等级之间重叠度较低。

第三节 员工福利管理与规划

一、福利的概念和特点

广义的福利是指组织向员工提供共同的物质、文化待遇,以达到提高和改善员工生活水平和生活条件、解决员工个人困难、为员工提供生活便利、丰富员工精神和文化生活目的的一种社会事业。狭义的员工福利又称劳动福利，它是企业为满足劳动者的生活需要，在正常工资以外为员工个人及其家庭所提供的实物和服务。通常人们所讲的福利是指狭义的福利。员工福利具有以下特点。

①补偿性。员工福利是对劳动者所提供劳动的一种物质补偿，享受员工福利必须以履行劳动义务为前提。

②均等性。每个员工都有享受本企业员工福利的均等权利。

③补充性。员工福利是对按劳分配的补充，可以在一定程度上减少按劳分配带来的生活富裕程度的差别。

④集体性。员工主要通过集体消费或共同使用公共设施的方式分享员工福利。

⑤差别性。员工福利在同一企业内部实行均等和共同分享的原则，但在不同企业间存在着差别。

二、员工福利的种类

（一）法定福利

我国规定的六种法定社会福利包括养老保险、失业保险、医疗保险、工伤保险、生育保险以及住房公积金（俗称"五险一金"）。

1. 养老保险

养老保险是针对退出劳动领域的或无劳动能力的老年人实行的社会保护和社会救助措施。老年是人生中劳动能力不断减弱的阶段，意味着永久性"失业"。每个人都会步入老年，从这种意义上说，由于步入老年阶段导致无劳动能力是一种确定的和不可避免的风险。随着工业化和现代化的发展，全世界大多数国家都已实行了老年社会保险制度。

我国同世界上大多数国家一样，实行的是投保资助型的养老保险模式，这是一种由社会共同负担、社会共享的保险模式。它规定每个工薪劳动者和未在职的普通公民都属于社会保险的参加者和受保对象，在职的企业员工必须按工资的一定比例定期缴纳社会保险费，不在职的社会成员也必须向社会保险机构缴纳一定的养老保险费作为参加养老保险所履行的义务，然后才有资格享受社会保险。同时还规定企业也必须按企业工资总额的一定比例缴纳保险费。

2. 失业保险

失业保险是为遭遇失业风险、收入暂时中断的失业者设置的一道安全保障。它的覆盖范围通常是社会经济活动中的所有劳动者。我国于1999年颁布的《失业保险条例》规定，失业保险基金的来源包括企事业单位按本单位工资总额的2%缴纳的失业保险费、职工按本人工资的1%缴纳的失业保险费、政府提供的财政补贴、失业保险基金的利息及依法纳入失业保险基金的其他资金。

失业保险的开支范围包括失业保险金，领取医疗保险金期间的医疗补助金，丧葬补助金、抚恤金，领取失业保险金期间接受的职业培训补贴和职业介绍补助，国务院规定或批准的与失业保险有关的其他费用。享受失业保险待遇的条件为，所在单位和本人按规定履行缴费义务满一年，非本人意愿中断就业，已办理失业登记并有求职要求，同时具备以上三个条件者才有申请资格。

3. 医疗保险

医疗保险是指由国家立法，通过强制性社会保险原则和方法筹集医疗资金，保证人们平等地获得适当的医疗服务的一种制度。为了实现我国职工医疗保险制度的创新，在总结我国医疗保险制度改革试点单位的经验，借鉴国外医疗保险制度成功经验的基础上，党的十四届三中全会决议中明确指出，要建立社会统筹和个人账户相结合的医疗保险制度。

4. 工伤保险

工伤保险是针对那些最容易发生工伤事故和职业病的工作人群的一种特殊社会保险。我国1996年颁布的《企业职工工伤保险试行办法》中建立了工伤保险制度，规定工伤保险费用完全由企业负担，按照本企业职工工资总额的一定比例缴纳，职工个人不缴纳工伤保险费。与养老、医疗、失业保险不同，工伤保险除了体现社会调剂、分配风险的社会保险一般原则外，还通过工伤预防、减少事故和职业病的发生来体现企业责任等原则。因此，我国采取了与国际接轨的做法，对工伤保险费不实行统一的费率，而是根据各行业的伤亡事故风险和职业危害程度类别，实行不同的费率。

5. 生育保险

生育保险费由当地人民政府根据实际情况确定，但最高不超过工资总额的1%。企业缴纳的生育保险费列入企业管理费用，职工个人不缴纳生育保险费。女职工生育期间的检查费、接生费、手术费、住院费和医疗费，都由生育保险基金支付，超出规定的医疗服务费和药费由职工个人负担。产假期间按照本企业上年度职工月平均工资计发生育津贴，由生育保险基金支付。

6. 住房公积金

1999年颁布、2002年修订的《住房公积金管理条例》中明确指出，住房公积金是指国家机关、国有企业、城镇集体企业、外商投资企业、城镇私营企业、其他城镇企业、事业单位为其在职职工缴存的长期住房储金。

职工和单位住房公积金的缴存比例均不得低于职工上一年度月平均工资的5%；有条件的城市，可以适当提高缴存比例。具体缴存比例由住房公积金管理委员会拟定，经本级人民政府审核后，报省、自治区、直辖市人民政府批准。

（二）企业补充保险及福利津贴计划

1. 企业补充养老金计划

补充养老金计划有三种基本形式，分别是团体养老金计划、延期利润分享计划和储蓄计划。团体养老金计划是指企业（可能也包括员工）向养老基金缴纳一定的养老金；延期利润分享计划是指企业会根据企业的盈利情况定期在每个员工的储蓄账户上贷记一笔数额一定的应得利润，员工符合一定条件时即可提取这些收益；储蓄计划是指员工从其工资中提取一定比例的储蓄金作为以后的养老金，与此同时，企业通常还会付给员工相当于储蓄金金额一半或同样数额的补贴。在员工退休或死亡以后，这笔收入会发给员工本人或亲属。

2. 集体人寿保险计划

人寿保险是市场经济国家的很多企业都提供的一种最常见的福利。大多数企业都要为其员工提供集体人寿保险。这是一个适用于集体的寿险方案，对企业和员工都有好处，员工可以较低的费率购买到与个人寿险方案相同的保险，而且集体方案通常适用于所有的员工（包括新进员工），而不论他们的健康状况如何。在多数情况下，企业会支付全部的基本保险费。

此外，企业还可以采取加入健康维护组织的方式来为员工提供健康医疗保险和服务。健康维护组织在美国比较普遍，它是保险公司和健康服务提供者的结合形式，它提供完善的健康服务，包括对住院病人和未住院病人提供照顾等，和其他保险计划一样，它也有固定的交费率，但是这种做法通常有助于降低企业的保险成本。

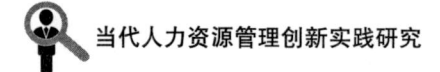

3. 对特殊工种劳动者的保护与福利

所谓特殊工种，在我国是指在特别环境中从事体力劳动、井下采掘、地质勘探、进行野外作业的工作种类。这些员工除享受一般员工的劳动安全保护和福利条件外，还享有特殊的营养补贴及津贴。

（三）法定休假

1. 公休假日

公休假日是劳动者工作满1个工作周之后的休息时间。我国实行的是每周40小时的工作制，劳动者的公休假日为每周两天。《中华人民共和国劳动法》第38条规定，用人单位应当保证劳动者每周至少休息1天。

2. 法定休假日

法定休假日即法定节日休假。我国法定的节假日包括元旦、春节、清明节、五一国际劳动节、中秋节、十一国庆节和法律法规规定的其他休假日。《中华人民共和国劳动法》规定，法定休假日安排劳动者工作的，支付不低于工资300%的劳动报酬。除《劳动法》规定的节假日以外，企业可以根据实际情况，在和员工协商的基础上，制定休假计划以及加班工资发放标准。

3. 带薪年休假

《中华人民共和国劳动法》第45条规定，我国实行带薪年休假制度。劳动者连续工作一年以上的，享受带薪年休假，拥有1年、10年和20年以上工龄的工作人员分别休假5天、10天和15天，但这一政策在个别单位可根据实际工作情况进行调整，并非硬性规定。

（四）其他福利计划

1. 饮食服务

很多企业为员工提供某种形式的饮食服务，让员工以较低的价格享受餐饮服务。在企业内部，这些饮食服务通常是非营利性质的，有的企业甚至以低于成本的价格提供饮食服务。

2. 健康服务

健康服务是最受重视的福利项目之一。在大多数情况下，健康服务包括为员工提供健身的场所、器械，以及为员工举办健康讲座等。

3.咨询服务

企业可以向员工提供广泛的咨询服务，咨询服务包括财务咨询（如怎样克服现存的债务问题）、家庭咨询（如怎样解决婚姻问题等）、职业生涯咨询（如帮助分析个人能力倾向并选择相应的职业）、重新谋职咨询（帮助被解雇者寻找新工作）以及退休咨询，在条件允许的情况下，企业还可以向员工提供法律咨询。

三、员工福利规划的意义

员工福利规划是企业薪酬战略的一个组成部分，是企业结合自己的发展目标对未来各影响因素进行预测和分析，基于特定的阶段对未来一定时间内员工福利的发展走向和具体路径做出全面、规范、系统的计划。企业为员工所做的福利规划已从过去的家长式给予（被动）模式转化为激励（主动）模式。企业实行员工福利规划的意义主要体现在以下方面。

（一）减轻员工税赋的负担

每年公司员工的调薪幅度总是众所瞩目的焦点，员工主要看这一次的薪资调幅是否符合其期望，来决定是留任还是另寻高就。然而加薪是否真的会增加员工的年度净所得？从另一个角度来看，加薪代表的是员工所得的增加，然而加薪难免会有预算上的限制，而且员工可能因为加薪造成年度所得税率向上调整，反而增加税赋的负担。企业可以从员工赋税的减少来着手规划员工福利，也就是所谓的薪资福利化，这样不仅有双重加薪的效果，而且可以充分切入员工所需。

（二）增加企业招募的优势

一般求职者在决定是否加入一家企业时，考虑的因素通常是公司的知名度、工作本身是否有挑战性与薪资福利等。工作的挑战性与薪资福利都可以纳入员工的福利规划，只要企业妥善做好福利规划，不仅可以避免外部恶性挖角，而且可以对人事预算进行最有效率的运用并增加企业招募的优势。

（三）加强核心员工的留任意愿

在企业逐渐将不具核心竞争力的业务转型为外包业务之后，组织内部人员的精减是可以被预期的，此时存在于组织内部的核心人员便是未来为企业创造价值的精英分子。根据二八定律，组织内部资源应该把20%分配给为企业创造80%利润的成员，因此要重视组织内部核心人员的福利给予（包括财务性福利与非财

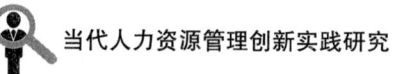

务性福利）。建立一套符合企业特性的福利规划不仅可以适度地提升员工的工作士气，而且可以留住核心员工为公司继续打拼。

四、员工福利管理

（一）福利管理的原则

1. 合理性原则

所有的福利都是企业的投入或支出，因此，福利设施和服务项目应在规定的范围内，力求以最小的费用达到最大的效果，效果不明显的福利应当予以撤销。

2. 必要性原则

国家和地方的福利条例与规定，企业必须严格执行。此外，企业提供的福利应当最大限度地符合员工要求。

3. 计划性原则

福利制度的实施应当建立在福利计划的基础上，例如，制作福利总额的预算报告。

4. 协调性原则

企业在推行福利制度时，必须考虑到与社会保险、社会救济、社会优抚的匹配和协调。同时，要确保资金用在刀刃上。

（二）福利管理的主要内容

1. 福利的目标

每个企业的福利目标各不相同，但有些基本内容还是相似的，主要包括必须符合企业长远目标、满足员工的需求、符合企业的薪酬政策、考虑到员工的眼前需要和长远需要、能激励大部分员工、企业能负担得起、符合当地政府的法规政策。

2. 福利成本核算

成本管理是企业管理的关键环节，也是福利管理的重要部分。没有成本目标，福利成本就会失控，从而侵蚀企业利润，成为企业的负担。因此，各级管理者必须花较多的时间与精力进行福利成本的核算，将其严格控制在预算范围之内。福利成本的核算主要涉及以下方面：通过销量或利润计算出公司可能支付的最高福利总费用；与外部福利标准进行比较，尤其是与竞争对手的福利标准进行比较；进行主要福利项目的预算；确定每一个员工福利项目的成本；制订相应的福利项目成本计划；尽可能在满足福利目标的前提下降低成本。

3. 福利沟通

要使福利项目最大限度地满足员工的需要，就必须让员工了解、认可企业的福利安排，因此福利沟通相当重要。事实证明，并不是福利投入资金越多，员工越满意。如果沟通不到位，得不到员工的认同，福利投入很可能无法取得理想的效果。员工对福利的满意程度与对工作的满意程度成正相关。福利的沟通可以采用以下方法：用问卷法了解员工对福利的需求；以沟通会、个别交流、宣传栏等方式向员工介绍有关的福利项目；找一些典型的员工进行面谈，了解某一层次或某一类型员工的福利需求；公布一些福利项目，让员工自己挑选；利用各种内部刊物，或在其他场合介绍有关的福利项目；收集员工对各种福利项目的反馈。

4. 福利调查

福利调查对于福利管理来说十分必要，主要涉及三个方面的内容：一是福利项目前的调查，主要了解员工对某一福利项目的态度与需求；二是员工年度福利调查，主要了解员工在一个财政年度内享受了哪些福利项目，各占多少比例，员工对这些福利项目是否满意；三是福利反馈调查，主要调查员工对某一福利项目实施的反应如何，是否需要进一步改进或取消福利项目。

5. 福利实施

福利实施是福利管理最具体的一个方面，需要注意以下几点：根据目标去实施；预算要落实；按照各个福利项目的计划有步骤地实施；有一定灵活性地实施；防止漏洞产生；定时检查实施情况。

（三）弹性福利计划

1. 弹性福利计划的形式

弹性福利计划又被称为"自助餐福利计划"，其基本思想是让员工对自己的福利组合计划进行选择，体现的是一种弹性化、动态化管理，而且强调员工的参与。这种选择受两个方面的制约：一是企业必须制定总成本约束线；二是每种福

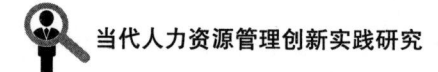

利组合中都必须包括一些非选择项目，如社会保险、工伤保险以及失业保险等。一般来讲，弹性福利有以下四种形式。

（1）附加型弹性福利

附加型弹性福利即在现有的福利计划之外，提供其他不同的福利措施或扩大原有福利项目水准，让员工进行选择。如某家公司原先的福利计划包括房租津贴、交通补助费等，如果该公司实施附加型弹性福利制，可以将现有的福利项目及其给付水准全部保留下来当作核心福利，然后再根据员工的需求，额外提供不同的福利措施，如国外休假补助、人寿保险等。此外，这些额外提供的福利措施通常都会标上一个"金额"作为"售价"，每个员工根据自身的薪资水平、服务年资、职务高低或家眷数目等情况，获得数目不等的福利限额，再以分配到的限额去认购所需要的额外福利。有些公司甚至还规定，员工如未用完自己的限额，余额可折发现金；如果员工购买的额外福利超过了限额，也可以从自己的税前薪资中扣抵。

（2）核心加选择型弹性福利

核心加选择型弹性福利计划由核心福利和弹性选择福利组成。核心福利是每个员工都可以享有的基本福利，不能自由选择；可以随意选择的福利项目则全部放在弹性选择福利之中，这部分福利项目都附有"价格"，可以让员工选购。员工所获得的福利限额，通常是未实施弹性福利制前所享有的，福利总值超过了其所拥有的限额，差额可以折为现金。

（3）套餐型弹性福利

套餐型弹性福利即企业根据员工的服务期、婚姻状况、年龄、家属情况等设计不同类型的"福利套餐"供员工选择，但"福利套餐"的内容不能选择。这是目前企业采用比较多的福利类型，因为它具有针对性，操作起来比较简单。就像餐厅推出来的 A 套餐、B 套餐一样，食客只能选择其中一个套餐，而不能要求更换套餐里面的内容。

（4）积分型弹性福利

积分型弹性福利即员工暂不享受当年的部分福利，人力资源部负责将福利进行积分，积分达到一定数值后，可享受价值更大的福利。

2. 弹性福利计划的优点

相对于传统企业的福利计划来说，弹性福利计划让员工拥有了主动权，感受到自身是被尊重的。从管理理念的角度来说，弹性福利计划的重大突破在于它贯彻了"以人为本"的现代管理理念，尊重了员工价值，至少使员工能意识到这一点，这本身就是一种成功。弹性福利计划的优点主要有以下几点。

（1）最大限度地激励员工

随着福利在薪酬体系中所占的比重越来越大，员工对福利的重视程度也必然越来越高。在这种情况下，管理者就可以考虑在选择组织提供的福利时，尽可能地发挥福利这一报酬工具的积极作用，使福利项目的选择尽可能地有利于组织效率的提高，而照顾员工福利偏好的弹性福利计划恰恰满足了这一需要。

（2）改善劳资关系

弹性福利计划表面上是向员工提供了一种福利项目的选择权，但更深层次的意义是，它实际上是向员工提供了一种可以控制自己的福利分配的权利，使员工从内心深处感觉到自己参与了组织的管理，从而能减少劳资双方的误解，营造良好的劳资关系。

（3）控制福利成本

弹性福利计划能够使企业的福利支出在可控的范围内最大限度地满足员工的个性化需求，并能够取得员工的理解和支持，从而使企业的福利成本不至于无限度地增长。

3. 弹性福利计划的缺点

（1）对于组织管理者的素质要求更高

组织管理者必须能充分了解员工的福利偏好，正确地对福利项目进行评估和分类，并科学地对福利项目进行组合。如果组织管理者的素质过低，则可能造成福利组合的不合理，使灵活的福利计划发挥不出应有的效用，或者可能造成福利分配的不公平，从而引发福利分配的负效用。

（2）有可能造成最有价值福利的浪费

因为员工总是根据个人的福利偏好来选择福利，所以员工有可能放弃某些对自身有价值的福利。

第四节　现代薪酬管理创新

随着市场竞争的加剧，企业越来越意识到富有竞争性的薪酬设计不可或缺。那么在现代企业薪酬管理中富有竞争性的薪酬设计有哪些新的发展呢？对企业来说，薪酬是一把"双刃剑"，使用得当能够吸引、留住和激励人才，可以有效地提高企业的实力和竞争力，而使用不当则会给企业带来危机。毫无疑问，建立全面的、科学的薪酬管理系统，对于企业在知识经济时代培育核心竞争能力和增加竞争优势，促进企业实现可持续发展具有重要意义。

因此，不断调整和完善薪酬制度，是当前企业面临的一项紧迫任务。与传统薪酬管理相比较，现代薪酬管理创新主要体现在以下方面。

一、全面薪酬管理

薪酬不仅仅是指纯粹货币形式的报酬，还包括非货币形式的报酬，也就是在精神方面的激励，比如优越的工作条件、良好的工作氛围、培训机会、晋升机会等，这些方面也应该很好地融入薪酬体系。公司给受聘者支付的薪酬应包括外在薪酬和内在薪酬，两者的组合被称为"全面薪酬"。

外在薪酬主要是指为受聘者提供的可量化的货币性价值。比如基本工资、奖金等短期激励薪酬，股票期权等长期激励薪酬，退休金、医疗保险等货币性福利，以及公司支付的其他各种货币性开支，如住房津贴、俱乐部会员卡、公司配车等。

内在薪酬则是指给员工提供的不能以量化的货币形式表现的各种奖励价值。比如，员工对工作较高的满意度、实用的工作工具、培训机会、提高个人名望的机会、具有吸引力的公司文化、良好的工作环境，以及公司对个人的表彰等。

如何科学地把握全面薪酬的两个方面，使它们有机统一起来，是企业经营者经常面临的一个难题。一般来说，外在激励是可量化的，它们可以通过市场竞争来达到一个平均的水平，关键是企业要能适时地了解和掌握市场上本行业内各种岗位的各种薪酬的平均水平，否则控制公司的薪酬水平就失去了依据。薪酬高了会增加企业成本，薪酬低了又不能够吸引应聘者。内在的激励虽然是难以量化的，但有一部分内容也反映在市场竞争之中，可以通过市场进行了解，如培训机会、公司名望等。还有一部分内容则完全要靠公司自身不断地创造，如公司文化、工作环境、公司对个人的名誉表彰等。

二、"以人为本"的薪酬管理

传统的、以等价交易为核心的雇员薪酬管理方案，正在被"以人为本"的管理方案所替代。

与传统管理机制相比，基于人本思想的薪酬管理方案鼓励员工参与和积极贡献，强调劳资之间的利润分享。其主要的实现措施包括：

①把雇员作为企业经营的合作者，建立雇员与企业同荣俱损的管理方案。

②改以工作量测定为基础的付酬机制为技能和业绩付酬机制。

③加大雇员薪酬方案中奖励和福利的比例，使之超出正常工资数额。

④使雇员的基础薪酬部分处于变动中，稳定收入比重缩小，不稳定收入比重加大。雇员工资的浮动部分视雇员对企业效益所做的贡献而定。

⑤改变传统的工作时间计量和管理方法，以雇员自报的工作时间和工作量为报酬测量的依据，体现一种信任感。

三、宽带型薪酬结构

宽带型薪酬结构是对传统上那种带有大量等级层次的垂直型薪酬结构的一种改进或替代。它是指对多个薪酬等级以及薪酬变动范围进行重新组合，从而变成只有相对较少的薪酬等级以及相对较宽的薪酬变动范围。

1. 薪酬等级的宽波段化主要特征

①加大专业人员、管理人员和领导者的工资差距，即减少公司薪酬等级。传统的薪酬体系一般有10个，甚至20个薪酬等级，而宽带型薪酬体系一般只有5个，或者7个薪酬等级。宽带型薪酬等级现在被广泛采用，其分为a、b、c、d、e五个等级。

②工资标准在某一工资类别的不同等级中差距比较大，特别是专业技术人员的工资等级间的差距更大，一般最高档与最低档相差一倍以上，即薪距（薪资全距）范围增大和薪级（调薪幅度）增多，让每个员工都有广泛的提薪空间。

③职务和工资等级主要取决于本人的专业水平，随技能水平上升而上升。

2. 宽带型薪酬与传统薪酬结构设计相比的优点

①减少了工作之间的等级差别，打破了传统薪酬结构所维护和强化的等级制，从而有利于企业提高效率以及创造学习型的企业文化，同时有助于企业保持自身组织结构的灵活性和有效适应外部环境的能力。

②有利于增强雇员的创造性，抑制一些雇员仅为获取高一等级的工资而努力工作的倾向，引导员工将注意力从职位晋升或薪酬等级的晋升转移到个人发展和能力的提高上。在宽带型薪酬结构中，一个薪酬宽带所提供的薪酬变动范围是相当大的，这样员工就不需要为了薪酬的增长而不遗余力地"往上爬"，可以将更多的精力投入于自身的技术和能力的提高。

③有利于推动良好的工作绩效。宽带型薪酬结构尽管存在着对员工的晋升激

励有所下降的问题，但是它却能通过将薪酬与员工的能力和绩效表现紧密结合来更为灵活地对员工进行激励，使得上级对有稳定突出业绩表现的下级员工有较大的加薪影响力，从而给予绩效优秀者以较大的薪酬上升空间。

④有利于职位轮换，培育组织的跨职能成长和开发。在传统的等级薪酬结构中，员工的薪酬水平是与其所担任的职位严格挂钩的。由于同一职位级别的变动并不能带来薪酬水平上的变化，且这种变动使得员工不得不学习新的东西，从而造成工作的难度增加，因此员工在很大程度上不愿意接受职位的同级轮换。而在宽带型薪酬结构下，由于薪酬的高低是由能力决定的，而不是由职位决定的，因此员工乐意通过相关职能领域的职务轮换来提升自己的能力，以此获得更大的回报。

⑤尤其适用于一些非专业化的、无明显专业区域的工作岗位和组织，这些工作很难运用传统的工作评价和劳动测量计算雇员的工资量。宽带型薪酬结构则比较灵活，只是划分一个工资范围，具体工资收入根据雇员的业绩情况进行弹性处理。

四、薪酬设计的差异化

薪酬设计的差异化主要体现在以下方面。首先是薪酬构成的差异化，过去计划经济时代的那种单一的、僵死的薪酬构成已经不再适应现代企业的需要，取而代之的是多元化、多层次、灵活的薪酬构成。其次是专门人员薪酬设计专门化。例如，营销人员在公司里作用巨大，专业人员的排他性比较强，临时工身份特殊，在设计这些人员的薪酬时不应该采取和其他部门人员相同的薪酬体系。咨询公司在为企业设计薪酬体系的过程中，除了设计统一的薪酬体系外，一般还要制定以下特定的薪酬制度：销售人员薪酬制度（包括销售人员提成办法）、技术人员薪酬制度、经理人员（包括高层管理者）薪酬制度（一般对于企业的职业经理人和知识型员工都要求实施年薪制度）等。特别是以公司制为代表的企业，通常由董事会领导下的经理阶层负责企业经营，这可以使投资者的资本与经营者的才干融为一体，使各种生产要素实现高效运行，并最大限度地产生经济效益。但是，公司制企业特别是股份公司也有自己的弱点，它采取所有者与经营者相分离的非所有权换位的产权重组。在企业运行模式中，所有者的目标是实现企业利润最大化，而经营者的目标是实现个人经营才干的效用最大化，两者的目标有差别。所有者承担的风险是资本亏损，而经营者承担的风险只是职位丧失和收益减少，两者的责任不对称。所有者无法精确衡量经营者工作的努力程度，以及这种努力可能带来的最大利润。为了避免由此造成的企业效率损失，必须建立经营者的激励机制和约束机制，其中一种重要方法，是通过改进经营者的年薪制，激励和约束经营者的行为。

此外，在一些指标的制定过程中，也应当实现差异化，尽量避免"一刀切"的做法。例如，职务评价、绩效考评系统，不同职位等级和不同性质岗位的考评应该分别制定标准。

五、薪酬与绩效挂钩

单纯的高薪并不能起到激励作用，这是薪酬设计资料中反复强调的观点，只有与绩效紧密结合的薪酬才能够充分调动员工的积极性，而从薪酬结构上看，绩效工资的出现丰富了薪酬的内涵。

增加薪酬中的激励成分，常用的方法如下：

①加大绩效工资（奖金）和福利的比例。
②加大涨幅工资（浮动工资）的比例。
③实行灵活的弹性工时制度。
④把员工作为企业经营的合作者。
⑤以技能和绩效作为计酬的基础，而不是工作量。
⑥细化薪酬。

细化薪酬首先是细化薪酬构成，其次是实现薪酬设计专门化。此外，在一些指标的制定过程中，各项工作也应当细化，尽量避免"一刀切"的做法。

⑦薪酬制度的透明化。

关于薪酬的支付方式是否应该实现透明化的问题一直存在比较大的争议。从最近的资料来看，支持薪酬制度透明化的呼声越来越高，因为保密的薪酬制度使薪酬应有的激励作用大打折扣。而且，实行保密薪酬制度的企业经常出现这样的现象，即强烈的好奇心理使得员工通过各种渠道打听同事的工资额，使得刚制定的保密薪酬制度很快就变成透明的了，即使制定严格的保密薪酬制度也很难防止这种现象出现。既然保密薪酬制度起不到保密作用，就不如直接使用透明薪酬制度。

实现薪酬透明化，实际上是向员工传达这样一个信息：公司的薪酬制度，没有必要隐瞒，薪酬高的人有其高的道理，薪酬低的人也自有其不足之处；欢迎所

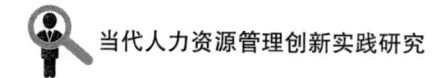

有员工监督薪酬制度的公正性，如果对自己的薪酬有不满意之处，可以提出意见或者诉求。透明化实际是建立在公平、公正和公开的基础上的，具体包括以下几种做法：

第一，让员工参与薪酬制度的制定。在制定薪酬制度时，除各部门领导外，还应该有一定数量的员工代表。

第二，进行职务评价时，尽量采用简单方法，使之容易理解。

第三，发布文件，详细向员工说明工资的制定过程。

第四，评定后制定的工资制度，描述务必详细，尽可能避免员工产生误解。

第五，设立一个员工信箱，随时解答员工在薪酬方面的疑问，处理员工投诉。

⑧有弹性、可选择的福利制度。

公司在福利方面的投入在总成本里所占的比例是比较高的，但这一部分的投入往往被员工忽视，认为不如货币形式的薪酬来得实际，员工在福利方面的偏好也是因人而异。目前，解决这一问题最常用的方法是采用选择性福利制度，即让员工在规定的范围内选择自己喜欢的福利组合。

⑨薪酬信息日益得到重视。

外部信息：指相同地区、相似行业、相似性质、相似规模的企业的薪酬水平、薪酬结构、薪酬价值取向等。外部信息主要是通过薪酬调查获得的，能够使企业在制定和调整薪酬方案时，有可以参考的资料。

内部信息：主要是指员工满意度调查和员工合理化建议。满意度调查的功能并不一定在于了解有多少员工对薪酬是满意的，而是了解员工对薪酬管理的建议以及具体在哪些方面不满意，进而为制定新的薪酬制度打下基础。

第六章　人力资源管理的发展现状和趋势

在新时代背景下，人力资源管理必须不断地改革和创新，积极探索新的模式和方法，这样才能使企业取得最佳的经济和社会效益。基于此，本章分别探讨了人力资源管理的发展现状和人力资源管理的发展趋势。

第一节　人力资源管理的发展现状

"人力资源"一词是当代著名管理大师彼得·德鲁克于1954年在其《管理的实践》一书中提出的。在这部学术著作里，德鲁克提出了管理的三大广泛的职能，即管理企业、管理经理人员、管理员工及其工作。在讨论管理员工及其工作时，德鲁克引入"人力资源"这个概念。他指出，和其他资源相比，唯一的区别就是人力资源是人所具有的脑力和体力的总和，并且是经理们必须考虑的具有"特殊资产"的资源。德鲁克认为，人力资源拥有其他资源所没有的素质，即协调能力、融合能力、判断能力。经理可以利用其他资源，但是人力资源只能自我利用，"人对自己是否工作绝对拥有完全的自主权利"。

第二次世界大战之后，将科技运用于管理，人的作用曾经被忽略，但是在21世纪的知识经济时代中，企业必须依赖其管理人员与技术人员的创造性与主动性来赢得竞争优势，这样就不能低估人的作用，于是人本主义管理上升为主流管理价值观，即把人当作企业的主体，确立人在企业中的主导地位，把企业的一切管理活动围绕调动员工的积极性、主动性和创造性来进行和开展。传统企业的经济目标是追求利润最大化，而现代企业的目标是追求经济效益与社会效益。人力资源是进行社会生产最基本、最重要的资源，和其他资源相比，人力资源具有能动性、两重性、时效性、再生性和社会性。

随着时代的变化，社会经济的发展，科学技术的进步，组织形式的不断革新以及作为人力资源管理的对象——人的变化，人力资源管理在管理理论、管理实践和管理方式等方面不断变化。经济全球化趋势改变着各个领域的管理哲学与管理实践，人力资源管理实践必须符合并且适应现代管理理论的新趋势。

21世纪的人力资源管理面临外部环境的变化——经济全球化和知识化所带来的挑战。许多学者将经济全球化和知识化作为影响人力资源管理的重要因素之一。未来企业更加重视国际的竞争机会。在经济全球化不断发展的同时，知识经济已经成为当今和未来世界经济的主要形式，作为知识型企业，应该更加重视知识的创造、整合、利用与管理。知识管理能力开始成为企业的核心竞争能力，知识成为企业竞争优势的源泉。

经济全球化是近些年来世界变革最重要的趋势之一，全球性的市场为企业，特别是全球企业的发展提供了很多机会，无论是管理者还是理论的研究人员，都将全球企业竞争力问题视为在21世纪面临的主要问题之一。在复杂和动态的环境中，企业需要开发独有的资源和能力系统，然而企业的核心能力不会一成不变，全球企业必须不断开发和更新核心能力。协作是全球企业建立核心能力和取得竞争优势的关键，全球企业必须采用不同于传统公司的战略，通过全球战略、联盟战略和合作战略来建立和维持竞争力。这些战略有助于企业成为创新型、学习型和有竞争力的企业。

在新的全球经济中，竞争能力将越来越多地依赖于创新能力。谁能够成为全球性的、创新的、和拥有丰富关系资源的企业，谁就能够拥有更为强大的能力和竞争优势。因此，越来越多的全球企业重视人力资源，并且开始全面提高企业的人力资源的能力。正如国际组织与生产力中心所指出的，真正的全球性组织成功的关键因素是将人力资源的作用与组织的国际目标相整合。全球企业内需要建立全球人力资源战略，如全球激励政策和全球培训等，来实现在全球范围对人力资源的配置。全球化的人力资源战略是实现全球企业战略和柔性战略的工具。总之，面对企业地理环境的扩张，面对更加复杂的环境，全球企业需要改进人力资源管理，包括改善其功能、观念、战略，并采用新的工具。

新的人力资源管理现状，要求企业做到以下几点：

一是培养全球观。全球观，也可称为全球世界观，是有关企业如何考虑其国际经营活动的理念。全球观应考虑企业的经营活动、企业的研究与开发活动以及全球性商务活动。换言之，全球观是有关企业发展的思维方式。

二是培养协作与团队精神。全球性的战略协作因其地理上的多样性以及对当地市场和当地政府的应对性，在优化企业重大活动方面发挥着重要作用。全球性的协作是对各业务单位所构成的网络资源流动、共同体意识和范围经济的管理。全球企业的任何人必须彼此依靠，而彼此之间的伙伴关系是企业的重要资源。通过团队合作，协作机制就能够逐步形成。人力资源管理需要在激励机制中更多地强调团队合作，鼓励员工互相帮助。对于21世纪的全球企业，与其他组织的员工进行有效合作也是非常重要的。全球企业中协作机制的发展，依赖于员工沟通技能和团队合作能力的提高。企业在沟通技能和合作能力上的投入越多，新的跨文化的观点越有利于协作关系的发展。

三是培养全球范围内有效的沟通。有效的沟通是组织的一种资源。全球信息和知识系统帮助全球企业在不同的业务单位之间整合和分享有价值的消息与知识，并且能够有效促进知识库的建构。

四是开发全球经理人员和全球知识工作者。全球企业用多种方法开发全球人才，有些全球企业甚至通过"买"和"借"的方式获得高质量的人才。同时，越来越多的全球企业开始利用咨询人员等外部关系，利用市场交易等方式从其他国际企业或者当地组织获得人才，在获得知识和经验的同时，保持人力资源方面的柔性。

五是建立新的全球激励机制来适应新挑战。新的全球激励机制需要提高柔性战略下员工对企业的忠诚度，这需要报酬制度的创新，需要重新设计新的激励机制来鼓励知识的分享。同时，人力资源管理也应更新企业的绩效评价系统，特别是要强调网上论坛的团队合作与参与。

六是通过安排跨文化培训，建立企业不同的事业部、不同公司、不同文化之间的信任。信任能够促进沟通，鼓励合作，并且减少冲突。但是在全球环境下培养信任是困难的。为了培养不同单位、不同文化之间的信任，全球企业需要进行跨文化培训，需要建立信息共享系统，也需要强调对公司全球绩效的贡献。而在伙伴企业之间培养彼此信任是公司实践最重要的趋势。在企业合作存在关系风险的情况下，信任是企业竞争力的源泉。

第二节　人力资源管理的发展趋势

一、人力资源管理面临的现实挑战

从当代人力资源管理取代传统人事管理开始，人们的观念就已经发生了非常重大的变化。随着时间的推移和国际社会经济环境的急剧变化，人力资源管理面临再一次的调整和改变。

（一）全球经济一体化、文化多元化的冲击

随着区域性合作组织，如欧盟、北美自由贸易区、亚太经济合作组织等的产生，国与国之间的界限开始变得越来越模糊，地区经济甚至全球经济牵一发而动全身，正日益成为一个不可分割的整体。作为经济一体化自然结果的跨国公司，既面对着不同的政治体制、法律规范和风俗习惯，又推动着各文化的相互了解和不断融合。管理者们经常会遇到类似国籍、文化背景、语言都不相同的员工如何共同完成工作，以及管理制度与工作价值观迥然不同的组织如何沟通等问题。

（二）新的管理概念与管理方法的出现与应用

面对竞争激烈的市场，组织必然要不断提高劳动生产率、产品质量，改善服务。于是，新的管理概念和管理方法不断应运而生。例如，全面质量管理、经营过程重构等。其中，经营过程重构是再造工程的一部分，意味着对经营过程、组织结构等的重新审视和反思，就像它们是过去在匆忙之中建立起来的一样，需要对它们进行重构和再造。与 20 世纪初诞生的科学管理和 20 世纪 30 年代诞生的行为科学相似，21 世纪出现的新的管理概念与方法，必然会给组织管理带来新的生机与活力。

二、人力资源管理的未来发展趋势

伴随着 21 世纪的到来，人类社会进入有史以来科技、经济和社会最快速发展的时期。高新技术迅猛发展，信息网络快速普及，对于所有的国家、民族和企业来说，既是一次难得的机遇，又是一场严峻的挑战，知识经济将改变每一个现代人的观念和意识。人力资源管理的未来发展趋势主要体现在以下方面。

（一）人力资源管理的地位日趋重要

现代企业经营战略的实质，就是在特定的环境下，为实现预定的目标而有效运用包括人力资源在内的各种资源的策略。有效的人力资源管理，将促进员工积极参与企业经营目标和战略，并把它们与个人目标结合起来，达到企业与员工"双赢"的状态。因此，人力资源管理将成为企业战略规划及战略管理不可分割的组成部分，而不再只是战略规划的执行过程，人力资源管理的战略性更加明显。

（二）从事后管理向超前管理转变

人力资源管理在知识经济时代已逐渐从事后管理转向事前，对客户、业务和市场有必要深入接触和了解，在此基础上对整个公司的走向和对整个行业的走势进行前瞻性预测，以实现人力资源的超前式管理。越来越多的企业实施各种组织变革的计划，大多数人力资源经理成为这些变革计划的组织者和领导人。在工作中，他们遇到的最有挑战性的问题是管理变革和再造工程。近年来，他们的问题又变成了促进员工参与、改进客户服务、支持全面质量管理等方面的内容。目前，越来越多企业的人力资源管理部门将工作重点放在提高生产力上，将事务性工作标准化、自动化，而对设计实施的各种有利于提高员工生产力和企业整体绩效的方案投入更多的人力和物力，这又对人力资源管理部门的工作职责、人员素质提出了更高的要求。这种趋势将继续发展下去，人力资源管理的职能也将直指企业的使命。

（三）人力资源活动的经济责任将得到普遍承认

人力资源开发经历了五个阶段。第一阶段是培训与开发，主要研究培训员工的各种活动。第二阶段是人力资源的发展，包括培训与开发、组织发展以及员工生涯发展。第三阶段是员工绩效提升，或者叫绩效咨询，对影响员工绩效的各个方面都予以关注，并致力于员工绩效的提高。第四阶段是学习绩效，人力资源开发专家更加关注培训带来的收益，并将人力资源开发的关注点从培训转向以员工为主体的学习。第五阶段是培养学习者，这是刚刚兴起的发展方面，人力资源专家致力于挖掘员工的学习动力，使员工成为更有效的学习者和知识消费者，使每个员工都成为主动学习的人。这五个发展阶段说明人力资源管理的职能已从过去的行政事务性管理上升到考虑如何开发企业人员的潜在能力、不断提高效率上来。人力资源开发更多以经营者的眼光，注重企业在吸引人才、培养人才、激励人才等方面的投入，因为人力资本投资具有较高的甚至无法比拟的回报率，是企业最有前途的投资。人力资源部门不再仅仅是个纯消费的部门，而是能为企业带来经济效益的部门。

（四）人力资源管理的国际化与跨文化管理

组织的国际化，必然要求人力资源管理策略实现国际化、人才流动实现国际化，也就是说，企业要以全球视野来选拔人才、看待人才的流动，尤其是加入世界贸易组织（WTO）后，我们所面对的是人才流动的国际化。经济全球化、组织全球化必然带来管理上的文化差异和文化管理问题，跨文化的人力资源管理已成为人力资源领域的热点问题，跨文化培训是解决这一问题的主要工具。

（五）动态化网络人力资源管理得到长足发展

随着全球化、信息化，尤其是网络化的发展，动态化网络人力资源管理已经出现并将成为未来人力资源管理的重要发展趋势。随着动态学习组织的发展，通过互联网来进行的组织职业开发活动将越来越多，大量的人力资源管理业务，如网络引智与网络招聘、网络员工培训、网络劳动关系管理等将会越来越成为现实。网络化人力资源管理的开展，必将在管理思想、管理职能、管理流程及管理模式上对传统人力资源管理产生重大影响，可能使得人力资源管理面临日趋激烈的环境变化，人力资源管理的空间被极大拓展，人力资源管理的网络化竞争变得日趋激烈，人力资源管理的途径、方法和策略也要随之进行必要的变革。

（六）员工客户化趋势

员工客户化的关键是员工角色的变化，即员工不再是传统意义上的被管理对象，他们可能变成组织的重要客户，人力资源管理部经理也可能随之转变为"客户经理"，即为员工提供他们所需的各类服务。例如，具体而详尽地向员工说明组织的人力资源产品和服务方案，努力使员工接受组织的人力资源产品和服务。资源管理者要为员工提供富有竞争力的薪酬回报和多元化的价值分享体系，并且要给员工更大的自主选择权，使员工自主工作，满足员工参与管理的主体意愿，在管理措施方面，要为员工的发展和成长提供更多的支持和帮助。

（七）人力资源管理业务外包和派遣

人力资源管理业务外包是指把原来由组织内部人力资源承担的基本职能，通过招标方式，签约付费委托给市场上专门从事相关服务的组织。在经济全球化的冲击下，组织出于降低成本、希望获得专家的高级服务、获得更为广泛的信息以及促进组织人力资源管理的提升等目的，将人力资源管理业务进行外包。目前，人力资源管理业务外包仍处于动态的发展过程中，并呈现以下发展趋势：一是人力资源管理业务外包领域不断扩展，从单项业务的外包发展到多项业务的外包；二是组织聘请专家顾问提供人力资源管理业务外包服务，提高外包业务的专业水平；三是外包服务商、咨询公司逐步结成业务联盟，并力图垄断高级人力资源管理的外包业务；四是以人力资源管理业务外包强化组织竞争优势，并促进外包业务朝着全球化方向发展。

人力资源管理业务派遣又称为人力资源租赁，是指由人力资源服务机构向某些需要相关服务的组织提供需要的人力资源管理业务，尤其是急需的各类人才及人力资源管理服务等。人力资源管理业务派遣是与人力资源管理业务外包密切相关的一种发展趋势。如果说"业务外包"是一种主动需求人力资源管理服务的市场活动，那么"业务派遣"则是一种主动提供人力资源管理服务的市场活动，外包与派遣具有互补关系。

目前，人力资源管理业务派遣存在着如何在政策、法律和制度层面进行规范管理，加强派遣机构人员的专业化建设，提升派遣服务人员的素质，建立派遣认证体系，规范收费标准，协调人力资源管理业务外包机构与派遣机构之间关系等诸多问题。

参考文献

[1] 唐贵瑶，柯慧杰，袁硕，等.集团公司人力资源管理研究述评与展望［J］.人力资源管理评论，2020（01）：27-40.

[2] 陈丽芳.工作分析在企业人力资源管理中的作用［J］.中国集体经济，2021（14）：116-117.

[3] 李少亭.人力资源管理视角下工作分析的发展趋势［J］.人才资源开发，2021（06）：93-94.

[4] 任建勇.国有企业人力资源管理存在的问题及对策［J］.山西农经，2020（24）：131-132.

[5] 赵华，邹庆华.企业文化在经济时代背景下人力资源管理中的重要性［J］.商场现代化，2020（24）：67-69.

[6] 赵亚超.企业人力资源管理与经济效益关系研究［J］.商场现代化，2020（24）：55-57.

[7] 党忠伟.大数据时代企业人力资源管理者的角色变换研究［J］.商场现代化，2020（24）：58-60.

[8] 王景平.数字化时代中企业人力资源管理的变革与挑战［J］.商场现代化，2020（24）：61-63.

[9] 赵婉莹.人才测评对人力资源管理活动的影响分析［J］.商场现代化，2020（24）：64-66.

[10] 白少华.探究企业人力资源招聘与培训的风险管理［J］.就业与保障，2020（24）：169-170.

[11] 伍贤达.中小企业人力资源培训模式研究［J］.现代营销，2020（12）：220-221.

[12] 刘伟.人力资源管理中财务薪酬福利的应用［J］.纳税，2020，14（34）：131-132.

[13] 赵娟.中小企业人力资源招聘工作有效性分析[J].现代营销（经营版），2020（12）：8-9.

[14] 张欣，王赛赛.激活人力资源"双循环"[J].人力资源，2020（21）：64-67.

[15] 于永健.企业人力资源绩效和薪酬福利风险管理分析[J].财经界，2020（15）：251-252.

[16] 王伟生.人力资源管理中薪酬福利的应用[J].中国市场，2020（14）：118-119.

[17] 李光宁.资源管理中薪酬福利的激励探讨[J].知识经济，2020（07）：82-83.

[18] 王娜.酒店人力资源流失问题与管理策略分析[J].中国商论，2019（24）：248-249.

[19] 余丹.农业型企业人力资源管理现状及建议[J].湖北农机化，2019（24）：11.

[20] 朱蕊.企业人力资源薪酬激励机制的构建途径[J].现代经济信息，2019（24）：115.

[21] 李畎静，王继红，杨颖超.有效薪酬激励机制对医院人力资源管理的价值探究[J].人才资源开发，2019（24）：17-18.

[22] 宋瑞华.机关事业单位人力资源管理存在现状及对策分析[J].财经界，2019（36）：250.

[23] 王叶苹.酒店人力资源资管理现状及激励机制研究[J].宿州教育学院学报，2019，22（06）：21-23.

[24] 肖莹.新时期企业人力资源薪酬管理途径分析[J].人才资源开发，2019（24）：81-82.

[25] 田小文.新形势下企业人力资源管理现状及对策措施分析[J].企业改革与管理，2019（23）：71-72.

[26] 徐丽.经济师人力资源管理的发展现状及对策探究[J].财富生活，2019（24）：13.

[27] 朱嘉琪.企业人力资源薪酬管理存在的问题及对策分析[J].人才资源开发，2019（23）：83-84.

[28] 杨义锋.HB公司绩效管理存在问题及对策研究[D].广州：华南理工大学，2020.

［29］李祯.JG公司人力资源管理体系优化研究［D］.西安：西安科技大学，2020.

［30］王明奎.CB集团人力资源管控模式研究［D］.济南：山东大学，2020.